Astrid Poensgen-Heinrich

Köstliche Kartoffelküche – fantastisch vegetarisch

Inhalt

Die tolle Knolle 7

Geschichtliches 8

Ein wenig Botanik 9

Tipps rund um die Lagerung 12

Ein paar Worte zu den Sorten 13

Tricks aus der Kartoffelküche 16

Kartoffeln pur 19

Suppen 33

Salate 49

Aus Topf und Pfanne 67

Klöße 89

Aufläufe 103

Aus dem Ofen 121

Gebackenes 133

Exotisches 149

Ein Tag im 1. Deutschen Kartoffel-Hotel 166

Die Autorin 169

Adressen rund ums Thema 170

Rezeptindex 172

Die tolle Knolle

Kommt Ihnen dieser Vers nicht auch bekannt vor?
»Kartoffelsupp! Kartoffelsupp!
Und alle Tag Kartoffelsupp!
Und Sonntags gibt es Brei:
Kartoffelbrei, die Woch vorbei.«

Dicke Bücher könnten gefüllt werden mit Themen über die Kartoffel: Literarisches, Geschichtliches, Witziges, Wissenschaftliches und natürlich mit vielen Rezepten.
Die Kartoffel ist seit langem ein Volksnahrungsmittel. Und so dröge, wie dieser Begriff klingt, ist die Kartoffel keineswegs: Lassen Sie sich überraschen von der Vielseitigkeit dieser Verwandlungskünstlerin, die nicht nur das Volk zu Gedichten und Liedern animierte, sondern auch Literaturgrößen wie Ringelnatz, Heine und letztlich auch Goethe dazu brachte, die Kartoffel höchst literarisch zu beschreiben.

Neben vielen unterschiedlichen Rezepten erfahren Sie einiges über den Einkauf und die richtige Lagerung der Kartoffel sowie über die Sortenvielfalt. Welche Kartoffelsorte für welches Gericht am besten geeignet ist, wird ebenfalls vorgestellt – damit das Kartoffelpüree schön locker wird, Klöße und Gnocchis in Form bleiben und der Kartoffelsalat auch optisch ein Genuss ist. Viele Tricks und Tipps aus der Profiküche runden das Buch ab.

Geschichtliches

Unser deutsches Wort Kartoffel stammt aus der früheren Bezeichnung für die zunächst ungeliebte Pflanze: *Tartuffel!* »Tartifole« heißt sie im aus Italien stammenden piemontesischen Dialekt, dies deutet auf die Ähnlichkeit zwischen der Kartoffel und dem Trüffel hin. Mancherorts bezeichnet man die Kartoffel auch als *Erdapfel* (französisch »Pomme de Terre«). Der lateinische Name der Kartoffel lautet: *Solanum tuberosum.* Sie gehört zu den Nachtschattengewächsen (wie Tomate und Paprika).

Die Wildform unserer Kartoffel stammt aus den Hochanden in Bolivien und Peru, von den Inkas als Nahrungsmittel hoch geschätzt. Vermutlich durch den Freibeuter Sir Francis Drake gelangte die Kartoffel im Jahre 1565 nach Spanien, fand den Weg nach Frankreich in 1602. Nach Italien und England kam die Kartoffel um 1630 nach Deutschland. Das bedeutet aber nicht, dass sie sofort von unseren Vorfahren als Nahrungsmittel angenommen wurde. Von Friedrich dem Großen verteilt, wurde von den Menschen in die rohe Knolle gebissen, die sie daraufhin in den Rinnstein warfen, und sogar die Hunde verschmähten die Kartoffel. Als der kluge Regent merkte, was mit der Kartoffel geschah – dass sie als Zierpflanze verwendet wurde –, verschenkte er aufs Neue die braunen Knollen. Diesmal jedoch mit einer »Gebrauchsanweisung«. Und siehe da, die Kartoffel als Volksnahrung wurde geboren.

In Frankreich war die Verbreitung der Kartoffel als Nahrung ähnlich schwierig. Eine der vielen Geschichten um die Kartoffel ist diese: Ein kluger Mensch namens Antoine-Augustin Parmentier wollte die Kartoffel vor einer drohenden Hungersnot unter das Volk bringen. Das tat er mit Hilfe einer List: Er ließ alle Kartoffelfelder einzäunen und Verbotsschilder aufstellen, die das Mitnehmen von Kartoffelpflanzen unter Strafe stellten. Der Mann kannte seine Mitbürger – die Bauern stahlen die Pflanzen natürlich trotzdem und sorgten so für die Verbreitung dieses hochwertigen Nahrungsmittels. Ihm zu Ehren gibt es auch heute noch Kartoffelgerichte die auf »à la Parmentier« enden.

Ein wenig Botanik

Die Kartoffelpflanze wächst bis zu einem Meter hoch; an ihren unterirdischen Ausläufern sitzen so genannte Fruchtknollen, die sich zu den Kartoffeln entwickeln. Die Kartoffel blüht zwischen Juni und August mit weißen bis violetten Blüten. Im Herbst (Frühkartoffeln schon im Juli) stirbt die Kartoffelpflanze ab und die Knollen können geerntet werden.

Die Pflanze enthält in ihren oberirdischen Teilen den Giftstoff Solanin. Die höchste Konzentration befindet sich in den nicht ausgereiften Samen. Auch in der Kartoffelknolle ist Solanin enthalten. Der Gehalt dieses Alkaloids ist in den grünen Stellen der Kartoffeln, in den Keimen und im Bereich der »Augen« am höchsten. Deshalb gilt: die grünen Stellen und die Ansatzstellen der Keime gründlich und großzügig wegschneiden. Und dafür sorgen, dass Kartoffeln richtig gelagert werden, das heißt zwischen 6 – 10 °C, trocken und dunkel (siehe dazu auch Seite 12).

Übrigens: Solanin ist hitzestabil und wasserlöslich. Das heißt, das Kartoffelkochwasser sollte nicht weiterverwendet werden.

Für die, die es noch genauer wissen wollen: Glykolalkaloide sind natürlich vorkommende toxische Pflanzenstoffe. Sie bestehen aus einer Alkaloid- und mehreren Zuckereinheiten. In der Kartoffel sind die Glykolalkaloide Alpha-Chaconin und Alpha-Solanin vorherrschend.

Widrige Witterungseinflüsse wie Hagel und Frostschäden sowie zu viele Kälteperioden können zu einer Erhöhung des Alkaloidgehaltes führen. Auch in unreifen und durch den Transport beschädigten Kartoffeln sowie in solchen, die zu viel Licht bekommen haben und dadurch grün geworden sind, steigt der Alkaloidgehalt merklich an.

Schatzkästlein der Natur

Kartoffeln sind ein hochwertiges Lebensmittel. Rund 2 % des Eigengewichts der Kartoffel entfallen auf Proteine, aber die haben es in sich! Die Eiweißbausteine (Aminosäuren) sind denen des menschlichen Eiweißes sehr ähnlich und in Kombination mit Milch oder Ei sind sie besonders hochwertig. Gerichte, die unsere Großmutter früher »aus dem Bauch heraus« zubereitete, wie beispielsweise Kartoffelpüree mit Milch oder/und Ei, liefern wissenschaftlich nachgewiesen eine der hochwertigsten Eiweiß-Zusammensetzungen.

Rund 15 % Stärke sind für die Sättigung verantwortlich. Durch den Kochprozess wird die Kartoffelstärke erst für die Verdauung aufgeschlossen, rohe Kartoffeln hingegen sind unbekömmlich. Etwa 2 % der Kartoffel bestehen aus Ballaststoffen, die die Darmflora positiv beeinflussen und für gute Verdauung sorgen.

Aber Kartoffeln enthalten auch eine beträchtliche Menge an Vitaminen wie B-Vitamine, Vitamin K und vor allem reichlich Vitamin C. Eine Portion Pellkartoffeln kann so viel Vitamin C liefern wie zwei Äpfel. Damit die Vitamine nicht verloren gehen, ist es wichtig, auf die richtige Zubereitung zu achten: In wenig Wasser, möglichst in der Schale garen, das Kartoffelwasser sollte schon heiß sein, wenn die Kartoffel hineinkommt. Dann das Wasser zum Kochen bringen und die Kartoffel bei niedriger Hitze garen. Ganz ideal ist der Garvorgang beim Dämpfen – hierzu gibt es entsprechende Töpfe oder auch Dämpfeinsätze für normale Töpfe. Die Kartoffel sollte möglichst im Ganzen gegart werden, andernfalls werden die Nährstoffe zu stark ausgelaugt.

Doch nicht nur Vitamine machen den Wert der Kartoffel aus: Auch Mineralstoffe und Spurenelemente wie Kalium, Magnesium, Kupfer, Eisen und Phosphor sind enthalten. Durch den hohen Kaliumgehalt dienen Kartoffeln auch als Heilkost bei Kreislauferkrankungen und Wasseransammlungen im Körper.

Darüber hinaus sind Kartoffeln im Gegensatz zu Brot, Teigwaren oder anderen Getreideprodukten basenüberschüssig und helfen so mit, den Säure-Basen-Haushalt im Gleichgewicht zu halten. Auch ihr Gehalt an bioaktiven Substanzen machen Kartoffeln so wertvoll, sie helfen mit, den Körper fit und leistungsfähig zu erhalten und Erkrankungen vorzubeugen.

Mit Kartoffeln schlank und vital

Kartoffeln haben ihren festen Platz in der schlanken Küche und wurden früher zu Unrecht als Dickmacher verpönt. Die dolle Knolle besteht zu fast 80 % aus Wasser und hat einen Fettgehalt von lediglich 0,1 %. 100 g Kartoffeln liefern gerade mal 70 kcal. Eine Portion (200 g) hat damit den gleichen Energiegehalt wie eine Portion Naturreis oder Nudeln. Wenn allerdings die Kartoffel als Bratkartoffel im Fett schwimmt oder als Pommes frites in kaltes Fett kommt und sich entsprechend damit voll saugen kann oder im Kartoffelsalat die Mayonnaise die Hauptzutat ist – nun, dann ist es immer noch nicht die Kartoffel als solche, die dick macht ...
Wenn Sie häufiger mal einen »Kartoffeltag« einlegen, haben Sie nicht nur Ihrem Gaumen etwas Gutes getan, sondern auch Ihrer Figur. Bereiten Sie die braunen Knollen mit wenig Fett, dafür aber mit frischem Gemüse und knackigem Salat zu, dann verlieren Sie locker das eine oder andere Pfund. Was aber viel wichtiger ist: Sie ernähren sich lecker und gesund und verwöhnen Ihren Körper mit vielen wertvollen Inhaltsstoffen!

Tipps rund um die Lagerung

Um die Kartoffeln in ihrem ganzen gesunden Spektrum genießen zu können ist es wichtig, die Kartoffeln
- kühl (3 – 8 °C)
- trocken
- dunkel
- luftig (Tontopf, Sack, Weidenkorb)

aufzubewahren! Nur unbeschädigte und trockene Kartoffeln sollten eingelagert werden.

Die heutigen Wohnungen haben leider nicht mehr die sinnvolle Einrichtung einer Speisekammer und so bleibt uns nichts anderes übrig, als Kartoffeln in kleinen Mengen einzukaufen, was ökonomisch natürlich unsinnig ist. Falls Ihr Keller aber über eine Temperatur zwischen 3 und 8 °C verfügt, können Sie immerhin versuchen, die Kartoffeln in einer Holzkiste, einem Korb oder einem Tontopf zu lagern. Hierzu eignen sich nur die mittelfrühen und späten Sorten. Frühkartoffeln sind nur zwei bis drei Wochen lagerfähig, sie haben noch zu viel Feuchtigkeit und würden beim Einkellern verfaulen.

Einen Versuch wert ist auch folgende Möglichkeit (die besonders Kindern Spaß macht und sich auch für die Lagerung von Möhren oder Rote Bete eignet): eine Holzkiste mit grobem Sackleinen ausschlagen, Erde hineinfüllen und die Kartoffeln darin aufbewahren. Zur kurzfristigen Lagerung bietet sich auch ein hübscher Weidenkorb an, der aber unbedingt abgedeckt werden soll. Bei Lichteinfall bilden die Kartoffeln Solanin und beginnen zu keimen.

Packen Sie in Plastik abgepackte Kartoffeln nach dem Einkaufen sofort aus, in der Folie beginnen sie schnell zu faulen. Denn zum einen sind diese Knollenfrüchte vorgewaschen und daher nur noch kurze Zeit lagerfähig. Zum anderen atmen die Kartoffeln und in der Plastiktüte bildet sich Schwitzwasser, das zur Fäulnis führt.

Am besten ist es natürlich, die Kartoffeln lose bzw. direkt beim Bauern zu kaufen. Bei idealer Lagerung und der entsprechenden Sortenwahl halten Kartoffeln 6 – 8 Monate!

Ein paar Worte zu den Sorten

Alle uns bekannten Kartoffelsorten aufzuzählen, würde viele Seiten füllen und wäre insofern uninteressant, als viele Sorten nur regional zu bekommen sind. Deshalb beschränkt sich die Tabelle auf den folgenden Seiten auf relativ weit verbreitete Sorten.

In Deutschland sind 160 Sorten beim Bundessortenamt zugelassen (Stand 2002). Darüber hinaus werden von Liebhabern und Hobbygärtnern noch eine Vielzahl von Sorten, die offiziell nicht mehr angeboten werden, angebaut und eifrig getauscht – neben den normalen gelbschaligen Sorten sind darunter auch eine Reihe von rot- oder sogar blauschaligen Kartoffeln.

Übrigens: inzwischen machen sich viele Unternehmen jeglicher Couleur für alte, längst vergessene, aber sehr geschmackvolle Kartoffelsorten stark! (Adressen von Vereinen, die sich um die Sortenvielfalt bemühen, finden Sie auf Seite 170.)

Bekannte und gängige Kartoffelsorten werden mit Kocheigenschaft und eventueller Lagerfähigkeit oder Besonderheiten beschrieben. Nach dem Reifegrad werden außerdem frühe, mittelfrühe, mittelspäte und späte Sorten unterschieden.

Ein Geheimtipp: Wenn Sie eine der beiden folgenden Exoten irgendwo bekommen können, greifen Sie zu und merken Sie sich unbedingt die Quelle:

Bamberger Hörnle: Sie sind lang und dünn, die Form ähnelt einer Spindel. Regional wird sie auch Fingerkartoffel genannt. Die Schale ist leicht rosafarben. Der Geschmack ist ganz hervorragend, das Hörnle ist fest kochend und als Kartoffelsalat eine Delikatesse.

Rote Alwara: Wie der Name schon sagt, eine rotschalige Kartoffel, sie gehört zu den vorwiegend fest kochenden Sorten und hat auch einen ganz hervorragenden Geschmack.

Die wichtigsten Sorten im Überblick

Sorte	Knollenform	Kochtyp, sonstige Bemerkungen
Adretta	rund oval	mehlig kochend, kann gleich nach der Ernte beim Kochen aufplatzen, etwas lagern (gut lagerfähig)
Agria	länglich oval	vorwiegend fest kochend, mittelfrühe Sorte, gute Lagerfähigkeit
Arkula	oval	vorwiegend fest kochend, frühe Sorte
Aula	rund oval	mehlig kochend, mittelspäte Sorte, sehr gute Lagerfähigkeit
Bintje	länglich oval	mehlig kochend, mittelfrühe Sorte, lagerfähig
Berber	oval	vorwiegend fest kochend, frühe Sorte
Cilena	lang	fest kochend, frühe Sorte
Cinja	lang oval	vorwiegend fest kochend, frühe Sorte, lässt sich aber einlagern
Christa	lang oval	vorwiegend fest kochend, frühe Sorte
Desiree	lang oval	vorwiegend fest kochend, mittelfrühe Sorte, lagerfähig,
Exquisa	lang oval, groß	fest kochend, mittelfrühe Sorte, lässt sich gut einlagern
Granola	rund oval	vorwiegend fest kochend, mittelfrühe Sorte, lässt sich gut einlagern

Sorte	Knollenform	Kochtyp, sonstige Bemerkungen
Gloria	lang oval	vorwiegend fest kochend bis fest kochend, frühe Sorte
Hansa	lang oval	fest kochend, mittelfrühe Sorte, gute Lagerfähigkeit
Hela	lang oval	vorwiegend fest kochend, frühe Sorte, lässt sich einlagern
La Ratte	lang, hörnchenförmig	fest kochend, gute Salatkartoffel, feiner Geschmack
Likoria	oval	mehlig kochend, mittelfrühe Sorte
Linda	lang oval	fest kochend, mittelfrühe Sorte
Nicola	lang oval	fest kochend, mittelfrühe Sorte, nicht zu kühl lagern
Quarta	rund oval	vorwiegend fest kochend, kann mehlig sein, mittelfrühe Sorte
Selma	lang oval	fest kochend, mittelfrühe Sorte
Sieglinde	lang oval	fest kochend, kann nach der Ernte mehlig sein, frühe Sorte
Solara	oval	vorwiegend fest kochend, nach der Ernte etwas mehlig, mittelfrühe Sorte, nicht zu kühl lagern

Tricks aus der Kartoffelküche

Kartoffeln sind schon pur, vor allem frisch geerntet, ein Genuss. Sie lassen sich aber auch unglaublich vielfältig zubereiten und schmecken selbst in Kuchen oder Desserts. Die braunen Knollen helfen Ihnen darüber hinaus dabei, im Küchenalltag ein wenig zu zaubern. Hier einige Beispiele:

- Rotkraut wird leicht gebunden und bekommt einen schönen Glanz, wenn eine geriebene Kartoffel mitgekocht wird.
- Sauerkraut wird durch eine mitgekochte geriebene Kartoffel milder und bekommt einen schönen Glanz.
- Nehmen Sie bei Ihrer nächsten Weihnachtsbäckerei zum Ausmehlen der Spekulatiusformen Kartoffelmehl, die Kekse lösen sich viel besser als bei Verwendung von Getreidemehl.
- Auch Kleingebäck klebt beim Ausrollen weniger, wenn Sie die Arbeitsfläche nicht mit Getreide-, sondern mit Kartoffelmehl ausstreuen. Das überschüssige Mehl kann mit einem kleinen Pinsel abgestreift werden.
- Auch Kartoffelklöße kleben nicht, wenn sie mit Hilfe von Kartoffelmehl geformt werden.
- Etwas Kartoffelmehl im Kochwasser soll das Zerfallen der Klöße verhindern.

Kochtypen

Damit das Püree schön locker, der Knödel fest und das Kartoffelgratin weich, aber bissfest bleibt, lohnt es sich beim Einkauf der Ackerfrüchte auf die Sorte zu achten. Die vielen Kartoffelsorten werden in drei Oberbegriffe eingeteilt, die ihre Verwendung erkennen lässt (abgepackte Kartoffeln tragen oft als visuelle Kennzeichnung die entsprechende Farbzuordnung).

Im folgenden Rezeptteil sind die verwendeten Kartoffeln mit einem Symbol für den empfohlenen Kochtyp gekennzeichnet:

Kochtyp A: vorwiegend fest kochend (rot)
Die Kartoffel bleibt beim Kochen im Allgemeinen fest, manchmal springt die Schale etwas auf, das Fleisch ist leicht mehlig.
Ideal für: Rösti und Bratkartoffeln, gut für Pellkartoffeln und Salzkartoffeln sowie für Kartoffelsalat, Kartoffelsuppe und Eintöpfe.

Kochtyp B: fest kochend (grün)
Diese Kartoffel zerfällt auch nicht beim längeren Kochen. Das Fleisch ist feucht, glatt und schnittfest, der Stärkegehalt ist gering.
Ideal für: Kartoffelsalat, Pellkartoffeln, Bratkartoffeln, Gratin und Aufläufe, Pommes frites.

Kochtyp C: mehlig kochend (blau)
Die mehlig kochende Kartoffel springt beim Kochen stark auf. Das Fleisch ist ziemlich mehlig, trocken und locker mit einem hohen Stärkegehalt.
Ideal für: Püree, alle aus Kartoffelteig hergestellten Gerichte wie Klöße und Gnocchi sowie für gefüllte Kartoffeln. Gut für Gratin, Kartoffelgemüse, roh geröstete Bratkartoffeln, Kartoffelsuppe, Kuchen und Desserts.

Das unterschiedliche Kochverhalten beruht auf dem unterschiedlichen Stärkegehalt der Kartoffelsorten. Mit der Reifezeit und auch während der Lagerung steigt der Stärkegehalt der Kartoffeln an. Daher enthalten die ersten Frühkartoffeln wenig Stärke und sind immer fest kochend. Sie brechen beim Kochen kaum auf – zu Klößen oder Kartoffelpüree können sie nicht verarbeitet werden.

Kartoffeln pur

Ist es Ihnen nicht auch schon so ergangen: Vor Ihnen steht ein Topf mit frisch gekochten Pellkartoffeln. Und da passiert es, beim Schälen zerbricht eine Kartoffel. In Reichweite steht das Buttertöpfchen, ein kleines Stück davon auf die dampfenden Bruchstücke, eine Spur Salz darüber ... und plötzlich merken Sie, dass auch ganz gebliebene Kartoffeln den Weg in den Mund fanden und somit die geplante Mengenberechnung ziemlich ins Schwanken gerät.

Genau um diesen Genuss geht es in meinem ersten Kapitel, dem der puren Kartoffel!

Vor allem die Liebhaber verschiedener Kartoffelpürees kommen hier auf ihre Kosten. (Haben Sie Nachsicht, wenn Ihre kleinen und großen Mitesser Straßen oder Höhlen in das Püree bauen, um die Sauce oder die zerlassene Butter darin zu sammeln: Denn Essen soll nicht nur gesund sein, sondern auch Spaß machen!)

Und lassen Sie Ihren Topf mit den warmen Kartoffeln nicht unbeaufsichtigt stehen – es könnte sonst sein, dass Sie einen kauenden Mitbewohner sehen, der entschuldigend sagt »... aber so schmecken sie doch am besten«.

Für dieses Rezept können Sie einfach in Ihren Garten gehen oder auf eine Wiese, von der Sie wissen, dass dort nicht gedüngt wird und die natürlich nicht am Rand einer viel befahrenen Straße liegen sollte. Wenn all dieses Ihnen nicht möglich ist, finden Sie bei dem unten stehenden Tipp Kräuter, die Sie auf dem Wochenmarkt oder bei Ihrem Gemüsehändler kaufen können!

Das Püree ist sehr lecker und sehr gesund; dazu preiswert und einfach und es sieht wunderschön aus!

Grünes Kartoffelpüree

Für 4 Portionen
Zubereitungszeit: etwa 30 Minuten

1,5 kg Kartoffeln
2 kleine weiße Zwiebeln oder Schalotten
1 – 2 TL Walnussöl
2 Knoblauchzehen
2 Hand voll junge Brennnesselblätter
2 Hand voll Giersch
1 Hand voll gemischte Kräuter wie Knoblauchrauke,
  Vogelmiere, Spitzwegerich, Schafgarbe, Löwenzahn
150 ml Sahne
150 ml Milch
Salz
frisch gemahlener weißer Pfeffer
frisch gemahlene Muskatnuss

Kartoffeln unter fließendem Wasser kräftig abbürsten, in der Schale in kochendem Wasser in ca. 25 Minuten weich kochen. In der Zwischenzeit die Zwiebeln pellen, fein hacken und in dem Walnussöl andünsten. Den Knoblauch pellen und durch eine Knoblauchpresse zu den Zwiebeln drücken, mit anschwitzen (nicht braten, der Knoblauch verliert sonst seinen Geschmack und wird bitter). Die gewaschenen und grob gehackten Kräuter dazugeben, unterrühren und kurz mit erwärmen. Die Kartoffeln abschütten, pellen und gleich durch eine Kartoffelpresse drücken oder mit einem Kartoffelstampfer zu Püree verarbeiten. Sahne und Milch zusammen in einen Topf geben, leicht erwärmen, zum Püree geben, mit Salz, Pfeffer und Muskatnuss abschmecken. Die Kräuter-Zwiebel-Mischung unterrühren und gleich servieren.

Tipp: Dazu passt jedes milde Gemüse oder ein frischer Tomatensalat. Zugegeben, für die Kräutermischung sollten Sie entweder von Oma, Opa oder den Eltern gelernt haben, welche so genannten Unkräuter mit »Vogelmiere« oder »Schafgarbe« oder »Giersch« gemeint sind. Es gibt allerdings auch hervorragende Kräuterbücher, in denen diese Kräuter abgebildet sind. Ich bin sicher, Sie kennen viele dieser Kräuter vom Sehen (oder Jäten!), wussten aber bisher nicht, wie lecker und gesund sie sind. Bei den Brennnesselblättern ist ein bisschen Vorsicht angesagt. Für Salat oder das Püree nur die obersten Triebe von jungen Pflanzen pflücken, Handschuhe sind trotzdem zu empfehlen!
Anstelle der genannten Kräuter schmecken auch glatte Petersilie, Basilikum, etwas Zitronenthymian, Borretsch, etwas Dill ...

Dieser Klassiker darf in der Kartoffelküche nicht fehlen:

Herzoginkartoffeln

Für 4 – 6 Portionen
Zubereitungszeit: etwa 30 Minuten

1 kg Kartoffeln
80 g Butter
2 Eigelb
1 Ei
Salz
frisch gemahlener weißer Pfeffer
1 MSP gemahlene Muskatblüte (Macis)

Die Kartoffeln waschen und in bereits heißem Wasser aufkochen, in etwa 25 – 30 Minuten weich kochen. Dann abschütten, pellen und so heiß wie möglich durch eine Kartoffelpresse drücken bzw. fein stampfen. Die Butter in kleine Stückchen darüber schneiden und unterrühren.

Den Teig etwas abkühlen lassen, erst ein Eigelb unterrühren, dann das nächste Eigelb zufügen. Das ganze Ei in einer Tasse mit einer Gabel kräftig verquirlen, etwa zwei Drittel davon unter den Teig rühren. Mit Salz, Pfeffer und der Muskatblüte kräftig abschmecken. Den Backofen auf 200 °C vorheizen. Ein Backblech mit Butter gründlich einfetten bzw. das Blech mit Backpapier auslegen. Einen Spritzbeutel mit großer Sterntülle mit dem Teig füllen und kleine Röschen auf das Blech spritzen. Mit dem restlichen verquirlten Ei vorsichtig bestreichen. Das Blech auf die mittlere Schiene des Backofens schieben, die Herzoginkartoffeln in etwa 20 Minuten hellbraun backen. Zwischendurch kontrollieren, damit sie nicht zu dunkel werden.

Tipp: Diese leckeren Kartoffelrosetten sind eine sehr dekorative Beilage zu allen feinen Gemüsesorten (z. B. frisch ausgepahlte Erbsen in einer Senfcremesauce, Kohlrabigemüse mit frischem Kerbel, Lauchgemüse oder ein cremiges Möhrengemüse etc.). Wenn Kinder kein Gemüse essen wollen, versuchen Sie es mal mit diesem Trick: Spritzen Sie kleine Nestchen aus dem Kartoffelteig (noch besser, lassen Sie die Kinder dabei helfen!) und füllen Sie sie nach dem Backen mit etwas Gemüse! Auch ein Pilzragout können Sie auf diese Art dekorativ servieren, z. B. als kleine Vorspeise oder auf »neudeutsch« als »Amuse Geule«.

Reichern Sie den Kartoffelteig mit gehacktem Majoran oder Thymian an oder fügen Sie ganz klein geschnittene getrocknete und in Öl marinierte Tomaten zu, das sieht hübsch aus und schmeckt sehr lecker. Auch ein Esslöffel ganz fein gemahlene Mandeln ist eine delikate Variation.

Selbst gemacht, fettarm und super lecker:

Pommes frites aus dem Backofen

Für 2 Portionen
Zubereitungszeit: etwa 30 Minuten

500 g möglichst große Kartoffeln
½ TL mildes Chilipulver
1 EL Sonnenblumen- oder Maiskeimöl
Salz

Ein großes Backblech in den Backofen schieben und diesen auf 240 °C vorheizen. Die Kartoffeln schälen, in 1 cm dicke Scheiben und dann in Stäbchen schneiden (es gibt auch entsprechende »Stäbchenschneider« in Haushaltswarengeschäften, hier müssen Sie auf erstklassige Qualität achten, sonst ist es sehr mühevoll, die Kartoffeln damit zu zerkleinern). Die Stäbchen in eine Schüssel geben, mit dem Chilipulver bestreuen und schütteln, bis das Pulver gleichmäßig verteilt ist. Dann das Öl dazugeben und ebenfalls wieder gut durchmischen. Nun die Kartoffelstäbchen nebeneinander auf das heiße Backblech legen und etwa 5 Minuten backen. Dann die Stäbchen mit einem Pfannenwender bzw. einer großen Palette auf die andere Seite drehen und nochmals 15 Minuten backen. Nun sollten die Pommes frites goldbraun und knusprig sein! Sie werden gesalzen und möglichst sofort serviert, damit sie schön knusprig bleiben!

Tipp: Das »Dazu« ist einfach unerschöpflich: Puristen begnügen sich mit »Majo« und Ketchup (wobei, wenn beides hausgemacht ist, auch der Gourmet hier nichts einzuwenden hat), Gesundheitsbewusste geben einen frischen Salat mit vielen Kräutern hinzu. Super lecker schmeckt ein Pilzragout, und es gibt kein Gemüse, das nicht mit dieser köstlichen (belgischen) Kartoffelspezialität harmoniert!

Um eine französische Spezialität handelt es sich bei dem folgenden Rezept, und die Franzosen sind uns ja nicht gerade als Kostverächter bekannt.

Aligot – Kartoffelpüree der Extraklasse
Für 4 Portionen
Zubereitungszeit: etwa 25 Minuten

1 kg Kartoffeln (nicht zu groß)
Salz
250 ml + 125 ml Milch
200 g geriebenen Käse (z. B. Gruyère)
1 – 2 Knoblauchzehen
150 g saure Sahne oder Schmand
frisch gemahlener Pfeffer

Die Kartoffeln schälen, waschen, in bereits heißem Salzwasser aufkochen und in etwa 25 Minuten gar kochen. Kartoffeln abschütten und im gleichen Topf 250 ml Milch erhitzen. Den Käse darin schmelzen lassen. Die Knoblauchzehe pellen und durch eine Presse zum Käse drücken. Die Kartoffeln zur Käsecreme geben und mit einem Kartoffelstampfer zu feinem Püree zerdrücken. Die saure Sahne bzw. Schmand unterrühren, je nach Konsistenz die restliche Milch zugeben. Das Püree nach Bedarf noch mal etwas erwärmen, mit Salz und Pfeffer abschmecken.

Tipp: Servieren Sie knusprige Grünkern- oder Roggenplätzchen zum Püree und vielleicht frischen Blattspinat, einige in Butter geschwenkte und mit Mandelblättchen bestreute Broccoliröschen oder ein würziges Lauchgemüse. Wenn Sie Hülsenfrüchte mögen: Ein Ragout aus Flageolets – das sind die kleinen, ganz feinen weißgrünen Bohnenkerne – wird in Frankreich traditionell zum Aligot serviert.

Kartoffelpüree klassisch

Für 4 Portionen
Zubereitungszeit: etwa 15 Minuten

1 kg Kartoffeln
Salz
30 g Butter
1 Eigelb
¼ l heiße Milch
frisch geriebene Muskatnuss oder Muskatblüte (Macis)

Kartoffeln schälen und waschen, je nach Größe vierteln oder achteln. In einen Topf mit wenig heißem, leicht gesalzenem Wasser geben und zugedeckt in ca. 25 Minuten weich kochen. Das Wasser abgießen und die Kartoffeln noch mal kurz auf die warme Herdplatte stellen, um sie auszudämpfen. Dann die Kartoffeln, noch so heiß wie möglich, durch eine Kartoffelpresse in den Topf drücken oder mit einem Kartoffelstampfer zerdrücken. Bei schwacher Hitze unter ständigem Rühren die Butter, das Eigelb und die heiße Milch unterrühren. Mit Salz und Muskat bzw. Macis abschmecken. Mit einem Schneebesen so lange schlagen, bis das Püree ganz hell und schaumig ist.

Tipp: Dieses »Grundpüree« ist sehr vielseitig abwandelbar durch Zufügen von:
- frisch gehackten Kräutern wie Petersilie, Schnittlauch oder Majoran
- Nüssen wie gehackte Cashewnüsse, geröstete Haselnüsse, Macadamianüsse
- Saaten wie Sesam, geröstete Sonnenblumen- oder Kürbiskerne
- klein geschnittenen Oliven oder getrockneten Tomaten (sehr fein!)
- getrockneten (vorher eingeweichten) Steinpilzen

- kross gebratenen Zwiebeln
- Gewürzen wie Zimt, Piment und Koriander (schmeckt nicht nur zur Weihnachtszeit!)
- und, und, und – lassen Sie Ihrer Fantasie freien Lauf.

Ein besonderer Blickfang, Kinder lieben es!

Überbackenes Kartoffelpüree

Für 4 Portionen
Zubereitungszeit: etwa 40 Minuten

1 kg Kartoffeln
Salz
¼ l heiße Milch
1 Eigelb
1 MSP geriebene Muskatnuss
½ TL getrockneter Majoran
4 EL geriebener Käse
25 g + 25 g Butter
1 Bund Zwiebelgrün

Kartoffeln schälen und waschen. Je nach Größe halbieren oder vierteln, in heißem, leicht gesalzenem Wasser in etwa 25 Minuten weich kochen. Durch eine Kartoffelpresse in eine Schüssel drücken oder mit einem Kartoffelstampfer zu feinem Püree verarbeiten. Erst die heiße Milch und 25 g Butter gründlich unterrühren, dann das Eigelb, Muskatnuss und Majoran zufügen, mit Salz abschmecken. Mit einem Schneebesen kräftig schlagen, das Püree sollte leicht schaumig und sehr hell werden. Eine ofenfeste Form mit etwas Butter ausstreichen, den Ofen auf 200 °C vorheizen.
Von dem Püree 2 – 3 EL in einen Spritzbeutel füllen, den Rest des Pürees in die Form füllen und glatt streichen. Mit dem Spritzbeutel rundherum kleine Röschen spritzen. Den Käse über das Püree streuen, 25 g Butter in Flöckchen darüber geben. Die Form auf die mittlere Schiene im vorgeheizten Ofen stellen und in etwa 15 Minuten hellbraun überbacken (Vorsicht, damit die Spitzen der Röschen nicht zu dunkel werden!). Das Zwiebelgrün waschen und in dünne Ringe schneiden. Auf das fertige Püree streuen und gleich servieren.

Tipp: Rösten Sie einmal Kürbis- oder Sonnenblumenkerne und streuen diese auf das fertige Püree, dann können Sie den Käse weglassen. Und ein bis zwei Esslöffel Sesamsamen unter das Püree gerührt und mitgebacken sorgen für ein wenig Biss! (Und haben nebenbei noch wertvolle Aminosäuren, Calcium, Magnesium und B-Vitamine zu bieten.)
Zum überbackenen Kartoffelpüree passen alle cremigen Gemüse, z. B. Möhren-, Kürbis- oder Lauchgemüse. Sehr gut schmeckt ein sahniges Pilzragout dazu (aus den würzigen braunen Champignons oder aus Austernpilzen), gewürzt mit frischem Estragon und einem winzig kleinen Schuss Pernod abgelöscht! Eine Schüssel bunt gemischter Salat passt ebenso gut dazu.

Welche Käsesorte Sie hier wählen, bleibt Ihrem Geschmack überlassen; der Käse sollte jedoch nicht zu mager sein, sonst haben Sie kleine harte Stückchen auf dem Püree, aber keine herrlich krustigschmelzende Käsecreme. Sorten wie Gouda, jung oder mittelalt, Emmentaler oder auch Raclettekäse eignen sich sehr gut.

Kartoffelpüree einmal ganz anders; und **diese** Variante schmeckt nicht nur zur Weihnachtszeit!

Kartoffel-Walnuss-Püree

Für 1 Portion
Zubereitungszeit: etwa 25 Minuten

200 g Kartoffeln
Salz
1 EL gehackte Walnüsse
1 TL + 1 TL Butter
50 ml Milch
je 1 MSP gemahlener
  Piment
  Anis
  Zimt

Kartoffeln kräftig abbürsten, mit der Schale in einem Topf mit heißem Salzwasser aufkochen, in ca. 25 Minuten weich kochen. In der Zwischenzeit die Walnüsse mit einem TL Butter in einer Pfanne kurz andünsten. Die Butter sollte nicht braun werden. Die Kartoffeln abschütten, abschrecken und so heiß wie möglich pellen und gleich durch eine Kartoffelpresse in eine Schüssel drücken (oder mit einem Kartoffelstampfer sehr gut zerdrücken). Milch und Walnussbutter darüber geben und gut verrühren. Den zweiten TL Butter in der Pfanne zerlassen, die gemahlenen Gewürze kurz darin erwärmen, über das Püree gießen und unterrühren.

Tipp: Dazu passen kräftige Gemüse wie Rosenkohl oder Wirsinggemüse und ein leckerer Grünkernbackling. Auch ein Ragout aus Roten Beten schmeckt sehr delikat dazu, denn die für ein Kartoffelpüree eher außergewöhnlichen Gewürze sind für Rote Bete schon eher geläufig. Sie können die Zutaten für das Püree sehr einfach multiplizieren; machen Sie einmal die Probe aufs Exempel und servieren Sie Ihren Gästen dieses Püree, vielleicht in einer schönen Auflaufform kurz überbacken, das intensiviert den Geschmack der Gewürze und ergibt eine leckere Kruste.

Suppen

In den meisten meiner Suppenrezepte in diesem Buch verwende ich Gemüsebrühe. Dafür können Sie Würfel oder Konzentrat aus dem Glas nehmen. Sie können aber auch Ihre eigene Gemüsebrühe kochen (die sich auch hervorragend als Getränk eignet!). Ideal ist es natürlich, wenn Sie einen eigenen Garten haben. Denn dort gibt es ja die Produkte immer alle auf einmal, und oft sucht man nach einer guten Möglichkeit, die etwas krummen Möhren, die letzten Tomaten oder die Zucchini-Schwemme sinnvoll zu verwerten. Die Gemüsebrühe können Sie in größeren Mengen zubereiten. Sie hält einige Tage im Kühlschrank, ist aber auch gut einzufrieren. Immer die harten Gemüse, wie Möhren, Kohlrabi, Rote Bete, Kartoffeln, zuerst gewaschen und zerkleinert in etwas Olivenöl anrösten, dann solche wie Zwiebeln, Lauch, Tomaten, Zucchini hinzufügen, eventuell noch Knoblauch kurz mit andünsten, die Grundsubstanz mit einigen Lorbeerblättern und Pfefferkörnern anreichern. Dann mit Wasser auffüllen und aufkochen. Etwa 30 Minuten bei kleiner Hitze köcheln lassen. Die Suppe durch ein Sieb gießen und die Brühe entsprechend verwenden. Eine gute Mischung zwischen kräftig schmeckenden Gemüsesorten (wie Sellerie, Zwiebeln, Möhren) und mild aromatischen wie Kohlrabi, Zucchini ergibt immer eine wunderbare Grundlage für Suppen und Saucen.

Cremesuppe von Kartoffeln mit Kräutersahne

Für 4 Portionen
Zubereitungszeit: etwa 30 Minuten

500 g Kartoffeln
2 Zwiebeln
3 Möhren
½ Sellerieknolle
2 Stangen Lauch
2 EL Butter
1 l Gemüsebrühe
1 Zweig Majoran (½ TL getrocknet)
je ein halber Bund Petersilie, Dill, Kerbel, Schnittlauch
125 ml süße Sahne
2 EL Crème fraîche
Salz
frisch gemahlener schwarzer Pfeffer
frisch gemahlene Muskatnuss

Kartoffeln wenn nötig schälen, ansonsten abbürsten, halbieren, in Viertel schneiden und dann grob würfeln. Die Zwiebeln pellen und grob hacken oder schneiden. Die Möhren unter fließendem Wasser kräftig abbürsten, trocknen, längs in Streifen und dann in kleine Würfel schneiden. Die Sellerieknolle schälen, in dünne Scheiben und dann in Streifen schneiden. Die Lauchstangen putzen, waschen und in feine Ringe schneiden. Die Butter in einem großen Topf erhitzen, zuerst die Zwiebelwürfel darin hellgelb anbraten, dann die Zwiebel- und Möhrenwürfel und die Selleriestreifen zugeben und kurz mit anbraten. Zum Schluss die Lauchringe dazugeben, eine Minute mit anbraten. Mit der Gemüsebrühe ablöschen. Den Majoranzweig in die Suppe geben, alles einmal aufkochen und zugedeckt bei schwacher Hitze etwa 20 Minuten köcheln lassen.

Die Kräuter waschen, trockenschleudern, Petersilie, Dill und Kerbel von den groben Stielen befreien und klein hacken. Den Schnittlauch mit der Schere in kleine Röllchen schneiden, zu den Kräutern geben. Die Sahne halbsteif schlagen, die Kräuter unterziehen, mit wenig Salz abschmecken.

Die Crème fraîche zur Suppe geben, die Suppe pürieren, auf vorgewärmte Suppenteller verteilen, je ein Sahnehäubchen darauf setzen, mit Pfeffer und Muskatnuss bestäuben.

Tipp: Diese Suppe ist besonders fein für die Gästebewirtung. Wenn nur Erwachsene mitessen, können Sie die Suppe mit ein bis zwei Esslöffeln Sherry ablöschen (wobei ein Großteil des Alkohols verdunstet) und dann die Gemüsebrühe zufügen.

Diese Suppe war der Renner in all meinen Kochkursen! Sie ist einfach zuzubereiten, gut vorzubereiten, kann ohne Probleme eingefroren werden – wenn denn etwas übrig bleibt von dieser unglaublich gut schmeckenden Suppe aus dem Norden Indiens:

Gemüse-Halbe-Erbsen-Cremesuppe
Für 4 Portionen
Zubereitungszeit: etwa 45 Minuten

500 g Kartoffeln
1 große Zwiebel
2 mittelgroße Möhren
1 – 2 Selleriestangen
4 – 5 EL Butterschmalz (noch besser Ghee)
1 EL Currypulver
150 g Tomatenpüree
3 Tassen gekochte halbe Erbsen
¼ TL schwarzer Pfeffer, frisch gemahlen
1 – 2 TL Salz
250 ml Sahne-Milch-Mischung (100 ml Sahne, 150 ml Milch)
einige frische Korianderblätter

Die Kartoffeln kräftig abbürsten (Kartoffeln aus Bioanbau wenn möglich mit Schale verwenden), eventuell unschöne Stellen oder Keimansätze herausschneiden und klein würfeln. Die Zwiebel pellen und in Würfel schneiden. Die Möhren waschen, abbürsten, längs halbieren und in Würfel schneiden. Die Selleriestangen putzen, entfädeln und in Ringe schneiden. Das Butterschmalz in einem großen schweren Topf mit dickem Boden heiß werden lassen, das Currypulver ganz kurz darin anrösten, sogleich die Kartoffel-, Zwiebel-, Möhrenwürfel und die Sellerieringe beifügen; unter ständigem Rühren 5 Minuten anbraten.
Etwa 250 ml heißes Wasser angießen, das Tomatenpüree und die gekochten Erbsen unter die Gemüsemischung rühren. Mit Pfeffer und Salz abschmecken. Zugedeckt bei mittlerer Hitze ca. 20 Mi-

nuten kochen, bis das Gemüse weich ist. Die Suppe mit der Sahne-Milch-Mischung auffüllen, nochmals abschmecken. Die Korianderblätter von den Stielen zupfen, fein hacken. Die Suppe mit den Korianderblättern dekoriert in vorgewärmten Tellern servieren.

Tipp: Die Suppe kann gut 1 – 2 Tage vor dem Verzehr zubereitet werden. Sie sollte eine cremige Konsistenz haben und kann mit 1 – 2 EL Crème fraîche verfeinert werden! Die Suppe schmeckt auch sehr gut, wenn ein Teil der Gemüse und Erbsen püriert wird.

Die hier verwendeten halben Erbsen sind in der indischen Küche heimisch und in den entsprechenden Geschäften zu bekommen. Viele Reformhäuser/Naturkostläden führen inzwischen neben dem in der indischen Küche und im Ayurveda gebräuchlichen Ghee auch die verschiedenen Linsen- und Bohnensorten. Die Erbsen werden in etwas Wasser mit 1 TL Kurkuma zusammen einige Stunden eingeweicht und noch etwa 40 Minuten gekocht, bis sie richtig weich sind. Ersatzweise können Sie auch rote Linsen verwenden: mit Wasser bedeckt und mit ½ TL Kurkuma (Gelbwurz) kochen, bis sie weich sind; das dauert nur 25 – 35 Minuten.
Sollten Sie keinen frischen Koriander bekommen, können Sie ihn sich selbst ziehen: einige Koriandersamen auf gut feuchte Blumenerde legen, mit etwas Erde bedecken, mäßig feucht halten, nach ca. 2 Wochen haben Sie die ersten Blättchen. Sie können aber auch – wenn Sie den etwas eigenen Geschmack der Korianderblätter nicht mögen – glatte Petersilie verwenden.
Achten Sie unbedingt auf gute Qualität des Currypulvers und der verschiedenen Gemüsesorten; nur so kann der hervorragende Geschmack dieser Suppe erreicht werden.

Sind Sie ein Fan vom Vampirbekämpfungsgewürz? Dann müssen Sie diese wunderbare Käse-Knoblauch-Kartoffel-Suppe probieren, einfach, preiswert und effektvoll:

Käse-Kartoffel-Suppe mit Knoblauchcroutons

Für 4 – 6 Portionen
Zubereitung: etwa 45 Minuten

600 g Kartoffeln
2 kleine Stangen Lauch
2 Möhren
1 Petersilienwurzel
½ Sellerieknolle
1 Zwiebel
4 + 2 Knoblauchzehen
1 l Gemüsebrühe
1 Zweig Majoran (½ TL getrocknet)
1 Zweig Thymian (dto.)
1 Zweig Oregano (dto.)
einige Blätter Liebstöckel (½ TL getrocknet oder 1 Prise Pulver)
250 ml Milch
200 ml Sahne
100 g + 50 g geriebener Käse
1 Prise Anis, gemahlen
Pfeffer
Salz
½ Bund glatte Petersilie
2 Scheiben Vollkornbrot
1 – 2 EL Olivenöl

Die Kartoffeln waschen, schälen und grob würfeln. Die Lauchstangen der Länge nach von der Wurzel her nach oben aufschneiden und waschen. In Ringe schneiden. Möhren, Petersilienwurzel und Sellerieknolle waschen und nach Bedarf schälen (wenn das

Gemüse aus Bioanbau kommt, ist das nicht nötig, da genügt gründliches Abbürsten), dann grob würfeln. Zwiebel pellen und in Scheiben schneiden, 4 Knoblauchzehen schälen, in Scheiben schneiden. Die Gemüsebrühe aufkochen, das gesamte Gemüse hineingeben, die Hitze reduzieren und das Gemüse im geschlossenen Topf etwa 20 Minuten köcheln. Die Blätter von den Kräutern zupfen und zur Suppe geben. Mit einem Pürierstab oder im Mixer pürieren. Die Milch mit der Sahne erwärmen, 100 g geriebenen Käse darin unter Rühren schmelzen lassen (die Sahnemilch soll nicht kochen). Die Käsemilch in die Suppe einrühren. Mit Anis, Pfeffer und Salz abschmecken. Die Petersilie waschen, trockenschütteln, die Blätter von den Stielen zupfen und fein hacken. Das Brot in kleine Würfel schneiden, das Olivenöl in einer Pfanne erhitzen, die Brotwürfel darin anrösten, die zwei restlichen Knoblauchzehen schälen, zu den Brotwürfeln geben, unterrühren und ganz kurz mit anrösten. Die Suppe in vorgewärmte Teller oder Suppentassen füllen, die gehackte Petersilie und den restlichen Käse darüber streuen, Croutons dazugeben und die Suppe gleich servieren.

Tipp: Knoblauchfans werden Sie lieben für diese Suppe! Und für folgenden Einfall loben: Waschen Sie ein paar – möglichst kernlose – rote Trauben und stellen Sie diese in einer Schale auf den Tisch. Sie bieten einen guten Gegensatz zum herzhaft-scharfen Geschmack der Suppe. Und eine super Farbkombination ist es obendrein!

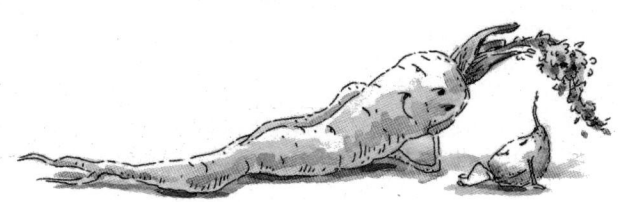

Lauch-Kartoffel-Suppe

Für 4 Portionen
Zubereitungszeit: etwa 40 Minuten

1 Zwiebel
2 Stangen Lauch
2 kleine Möhren
500 g Kartoffeln
2 EL Butter
1 TL gutes Curry
¼ TL Muskatblüte (Macis)
800 ml Gemüsebrühe
1 Zweig frischer Majoran
Salz
frisch gemahlener schwarzer Pfeffer
1 MSP gemahlener Piment
250 ml Milch
2 – 3 EL Crème fraîche
einen Hauch Cayennepfeffer
Apfeldicksaft
ein paar Zweige glatte Petersilie
1 EL Sonnenblumenkerne

Die Zwiebel pellen und fein hacken. Die Lauchstangen putzen, waschen und in feine Ringe schneiden. Die Möhren unter fließendem Wasser gründlich abbürsten, trocknen, längs in Streifen und dann in kleine Würfel schneiden. Die Kartoffeln schälen, waschen und in Würfel schneiden. Die Butter in einem großen Topf erwärmen, die Zwiebelwürfel darin goldbraun anbraten. Dann Curry und Muskatblüte darüber stäuben, kurz mit anbraten. Die Lauchringe, die Möhren- und Kartoffelwürfel zufügen und kurz anbraten. Mit der Gemüsebrühe ablöschen, einmal aufkochen lassen, den Majoranzweig zufügen und die Suppe zugedeckt etwa 20 Minuten garen lassen. Dann mit dem Pürierstab eines Handrührers

pürieren, mit Salz, Pfeffer und Piment abschmecken. Milch und Crème fraîche unterrühren, die Suppe nochmals kurz erwärmen, Cayennepfeffer zugeben und mit Apfeldicksaft nach Geschmack abrunden.
Die Petersilie waschen und trockenschleudern, die Blättchen von den Stielen zupfen und grob hacken. Die Sonnenblumenkerne in einer Pfanne ohne Zugabe von Fett hellbraun rösten, abkühlen lassen und grob hacken.
Die fertige Suppe in vorgewärmten Suppenschalen oder -tellern servieren, mit Petersilie und den grob gehackten Sonnenblumenkernen bestreuen.

Tipp: Anstelle der Sonnenblumenkerne schmeckt es auch lecker, wenn Sie ein bis zwei Scheiben Vollkorntoastbrot würfeln, in etwas Butter (und Knoblauch!) hellbraun rösten und die Suppe damit servieren.
Anstelle von Apfeldicksaft können Sie einen säuerlichen aromatischen Apfel würfeln und mit Gemüse anbraten.

Es ist Sommer, Sie haben unglaublich viele Radieschen im Garten? Auch solche, die aufgeplatzt sind? Dann kochen Sie doch einmal diese leckere, außergewöhnliche Suppe. Sie hat eine leichte Schärfe und ist wunderbar erfrischend und darüberhinaus auch preiswert, schnell und unkompliziert.

Radieschen-Kartoffel-Suppe
Für 4 Portionen
Zubereitungszeit: etwa 30 Minuten

300 g Kartoffeln
2 Schalotten
1 – 2 Bund Radieschen
1 EL Butter
250 ml Gemüsebrühe (Konzentrat aus dem Glas oder Würfel)
100 ml Sahne
Salz
frisch gemahlener schwarzer Pfeffer
frisch gemahlene Muskatnuss
2 EL trockener Weißwein oder 1 EL Sherry (nach Belieben)

Die Kartoffeln kräftig abbürsten (Kartoffeln aus Bioanbau wenn möglich mit Schale verwenden), eventuell unschöne Stellen oder Keimansätze herausschneiden und klein würfeln. Die Schalotten pellen, halbieren und würfeln. Die Radieschen waschen; wenn die Radieschen aus Bioanbau oder aus Ihrem Garten sind, können Sie die Blätter mit verwenden. Dazu die schönen Blätter der Radieschen heraussuchen und fein hacken (1 EL davon für die Dekoration aufbewahren). Zwei Drittel der Radieschen grob würfeln, den Rest fein würfeln und beiseite stellen. Die Schalotten- und Kartoffelwürfel in Butter anschwitzen, die Radieschenwürfel und die gehackten Blätter zufügen, kurz mit anschwitzen. Die Brühe angießen und das Gemüse 20 Minuten garen. Danach die Suppe mit dem Pürierstab des Handmixers fein pürieren. Die Sahne unterrühren, die Suppe mit Salz, Pfeffer, Muskat und – nach Belieben –

mit Weißwein oder Sherry abschmecken. Die restlichen Radieschenwürfel in der Suppe kurz ziehen lassen. Auf vorgewärmten Tellern verteilen, mit den restlichen gehackten Radieschen-Blättern dekorieren.

Tipp: Ein wenig (frisches) Estragon mit püriert gibt der Suppe eine ganz besondere Note. Anstelle der Radieschen kann natürlich auch roter oder weißer Rettich verwendet werden. Als Dekoration eignet sich ein wenig Radieschenschale, in kleine Würfel oder Spiralen geschnitten.

Die klassische Kartoffelsuppe wird so mehr oder weniger in allen Landesteilen gekocht, aus Erinnerung an meine Zeit in Stuttgart taufe ich sie:

Schwäbische Kartoffelsuppe

Für 4 – 6 Portionen
Zubereitungszeit: etwa 30 Minuten

600 g Kartoffeln
2 kleine Möhren
1 Petersilienwurzel
2 Zwiebeln
2 Stangen Lauch
1 – 2 EL Butter
1 Knoblauchzehe
1 TL getrocknete, in Öl eingelegte Tomaten
1 Zweig Majoran (½ TL getrocknet)
1 Zweig Thymian (½ TL getrocknet)
1 ½ l Gemüsebrühe
Salz
frisch gemahlener weißer Pfeffer
1 Bund Schnittlauch
250 ml saure Sahne
einen Hauch Cayennepfeffer

Kartoffeln waschen, schälen und in kleine Würfel schneiden. Möhren und Petersilienwurzel waschen, nach Bedarf schälen (wenn beides aus Bioanbau stammt, möglichst nicht schälen), in Scheiben oder Würfel schneiden. Die Zwiebeln pellen und in Scheiben schneiden. Den Lauch putzen, waschen und in Ringe schneiden. Die Butter in einem Topf mit dickem Boden erhitzen, Kartoffel-, Möhren- und Petersilienwurzel dazugeben und leicht anrösten. Die Lauchringe zufügen, unterrühren. Den Knoblauch pellen, in dünne Scheiben schneiden, die Tomaten klein schneiden, beides mit dem anderen Gemüse zusammen in der Butter ein paar Minuten schmoren (Achtung, der Knoblauch darf keine Farbe annehmen, sonst wird er bitter!). Die Blättchen von Majoran und Thymian von den Stielen zupfen, zu dem Gemüse geben, kurz mit anschwitzen. Mit etwas Gemüsebrühe ablöschen und ca. 10 Minuten abgedeckt köcheln lassen. Mit einem Pürierstab zerkleinern, mit der restlichen Gemüsebrühe auffüllen, mit Salz und Pfeffer abschmecken. Den Schnittlauch mit einer Schere in Röllchen schneiden, mit der sauren Sahne vermischen. Die Suppe auf vorgewärmte Teller oder Suppentassen verteilen, jeweils mit einem Klecks Schnittlauchsahne versehen, darüber einen Hauch Cayennepfeffer geben.

Tipp: Wenn Sie keine Petersilienwurzel bekommen, können Sie ein halbes Bund möglichst glatte Petersilie mit pürieren.
Wenn Sie die Kartoffelsuppe für ein Gästemenü vorsehen, probieren Sie doch mal diese Variante: Während die Suppe köchelt, schälen Sie zwei weitere Kartoffeln, schneiden sie in kleine dünne Stifte (grob raspeln geht auch) und rösten sie in einer Pfanne in gut heißem Olivenöl hellbraun. Dabei mit einem Kochlöffel ein wenig an den Pfannenboden drücken. Danach auf einem Papiertuch abtropfen lassen. Die gerösteten Stifte auf die saure Sahne legen und die Suppe gleich servieren.
Wenn Sie frischen Kerbel bekommen können, nehmen Sie die Blättchen dieses leicht nach Anis duftenden Krauts anstelle des Schnittlauchs.

Wirsing-Kartoffel-Suppe mit Currycreme
Für 4 – 6 Portionen
Zubereitungszeit: etwa 35 Minuten

300 g Kartoffeln
800 g Wirsing
2 EL + 1 EL Butter
2 TL mildes Curry
1 MSP Nelkenpulver
1 MSP Piment, gemahlen
1 l Gemüsebrühe
120 ml Sahne
Salz
3 – 4 EL Crème fraîche
½ TL scharfes Curry

Kartoffeln waschen (nur schälen, wenn nicht aus Bioanbau oder bei älteren Kartoffeln), abbürsten und in Würfel schneiden. Den Wirsing halbieren, in Viertel schneiden, dabei den Strunk gründlich wegschneiden. Den Wirsing grob hacken, eine Hand voll beiseite legen, den restlichen Wirsing mit den Kartoffelwürfeln in zwei EL Butter andünsten, mit Curry bestäuben, Nelken- und Pimentpulver zufügen und bei milder Hitze etwas anschwitzen. Mit der Brühe auffüllen, abgedeckt bei milder Hitze ca. 25 Minuten kochen. Dann mit einem Pürierstab oder im Mixer fein pürieren. Die Sahne unterrühren, mit Salz abschmecken. Den restlichen Wirsing etwas feiner hacken, in einem EL Butter anschwitzen. Die Crème fraîche mit dem Curry verrühren, die Wirsingstreifen dazugeben. Die Suppe in vorgewärmte Teller oder Suppentassen füllen, mit der Wirsing-Curry-Creme dekorieren.

Tipp: Das ist eine sehr aromatische Suppe. Trauen Sie sich unbedingt, die cremige Suppe mit dem Nelkenpulver zu würzen, Wirsing und dieses leicht scharfe, duftende Gewürz gehören einfach zusammen! Wenn Sie kein scharfes Curry bekommen oder kaufen möchten, geben Sie stattdessen etwas Cayennepfeffer in die Crème fraîche. Aber maximal nur eine halbe Messerspitze, es sei denn, Ihre Gäste kommen aus dem Orient und lieben es scharf!

Salate

Kartoffelsalate sind eine wunderbare Bereicherung für jedes kalte oder warme Buffet. Und fast jede Familie hat ihr eigenes Rezept für einen Salat, der schon immer für Familienausflüge am Tag vorher zubereitet wurde. Und wie oft hat es dann geregnet und der Salat wurde zu Hause gegessen, gewürzt mit ein paar salzigen Tränen. Unsere Salate sind nicht mit Tränen gewürzt, dafür aber mit vielen neuen Zutaten, die Sie unter anderem eher in einem Obstsalat gesucht hätten. Orientalisch »parfümierte« Kartoffeln sind ebenso zu finden wie bodenständige Rezepte für den großen Hunger. Servieren Sie Kartoffelsalat einmal als kleine Delikatesse, zum Beispiel zu einer leckeren knusprigen Pizza ... Ein wenig Kartoffelsalat auf einem Salatblatt fein dekoriert, das ergänzt sich aufs Beste mit den Aminosäuren des Hefeteigs und die Pizza kann eine Nummer kleiner ausfallen!

Fast unnötig zu erwähnen, dass Kartoffelsalat eine ideale Büromahlzeit darstellt. Gut vorzubereiten in immer neuen Variationen, preiswert und gesund, wird daraus mit den entsprechenden Zutaten und einer Scheibe knusprigem Vollkornbrot eine vollwertige Mahlzeit und die kleinen grauen Zellen bekommen jede Menge Kraft.

Um einen Kartoffelsalat der Luxusklasse handelt es sich hier. Denn nicht nur Auberginen geben dem Salat ein feines Aroma, auch das Trüffelöl sorgt für eine Aufsehen erregende Note!

Auberginen-Kartoffel-Salat

Für 4 – 5 Portionen
Zubereitungszeit: etwa 50 Minuten

500 g Kartoffeln
2 schlanke, feste Auberginen
Salz
3 – 4 reife Tomaten
2 EL Olivenöl
2 EL Himbeeressig
2 – 3 EL Trüffelöl (gibt es im Feinkostgeschäft)
2 EL Sonnenblumenöl
2 – 3 Knoblauchzehen
einige Rosmarinnadeln (1 MSP Pulver)
2 Zweige Thymian (½ TL getrocknet)
½ + ½ Bund Petersilie
frisch gemahlener weißer Pfeffer
½ TL Zimtpulver
½ Bund Basilikum
½ Bund Zwiebelgrün

Die Kartoffeln unter fließendem Wasser kräftig abbürsten, in heißem, gesalzenem Wasser in etwa 20 Minuten kochen. Dann abgießen, mit kaltem Wasser abschrecken und pellen. Abgedeckt beiseite stellen.
Die Auberginen waschen, den Stielansatz abschneiden (Vorsicht, kann pieksen!). Längs in 1 cm dicke Scheiben schneiden, von jeder Seite etwas salzen und einige Minuten ziehen lassen. Die Tomaten in ein Sieb legen, für eine knappe Minute in einen Topf mit kochendem Wasser halten, dann mit kaltem Wasser abschrecken. Die Tomaten etwas abkühlen lassen und dann pellen, den Stielan-

satz herausschneiden und Tomaten würfeln. Die Auberginen mit einem Küchenkrepp oder Küchentuch abtrocknen und in Würfel schneiden. Das Olivenöl in einer Pfanne erhitzen, die Auberginenwürfel darin in etwa 15 Minuten weich schmoren. Dabei mit einem Holzrührlöffel immer wieder die Würfel vom Pfannenboden lösen. Auberginen mit den Tomaten in der Pfanne mischen und beiseite stellen. Aus dem Himbeeressig, dem Trüffel- und Sonnenblumenöl mit einem Schneebesen eine homogene Sauce schlagen. Die Knoblauchzehen pellen und durch eine Knoblauchpresse zur Sauce geben. Die Kräuter waschen und gründlich trocken tupfen – eventuell in einem Küchentuch ausschleudern. Die Rosmarinnadeln fein hacken, die Thymian- und die Hälfte der Petersilienblättchen von den Stielen zupfen, hacken, alles zur Ölmischung geben. Die Sauce mit dem frisch gemahlenen Pfeffer, dem Zimt und mit etwas Salz abschmecken. Die abgekühlten Kartoffeln in Würfel schneiden. Vorsichtig unter die Auberginen-Tomaten-Mischung geben. Die Sauce darüber gießen und mit allen Salatzutaten gut vermischen. Kurz vor dem Servieren das Basilikum waschen, trockenschleudern, die Blätter von den Stielen zupfen und grob hacken, einige schöne kleine Blätter aufheben, den Rest unter den Salat heben. Das Zwiebelgrün waschen und mit dem zarten Grün in dünne Ringe schneiden. Den Auberginensalat mit den restlichen gehackten Petersilienblättern, den Zwiebelringen und den Basilikumblättern dekorieren.

Tipp: Auberginen und Kartoffeln harmonieren sehr gut mit Schafskäse (Feta). Ein paar kleine Würfelchen von einer fingerdicken Scheibe machen sich gut in diesem Salat, dann allerdings mit der Zugabe von Salz zurückhaltend sein.

Eine Köstlichkeit, die leider saisonal begrenzt ist! Deswegen sollten Sie unbedingt zugreifen, wenn es frische dicke Bohnen gibt. Ich habe dieses Rezept bei Freunden in Ligurien ausprobiert (wo es unglaublich gute Oliven gibt, die eine große Rolle beim nachfolgenden Rezept spielen), wir alle waren restlos begeistert ...

Bohnen-Kartoffel-Salat in Olivencreme
Für 4 Portionen
Zubereitungszeit: etwa 45 Minuten

800 g möglichst kleine Kartoffeln
2 – 3 Knoblauchzehen
130 ml Olivenöl (erste Pressung)
80 g grüne Oliven
Saft von zwei Limetten
3 – 4 Zweige Estragon (1 TL getrocknet)
200 ml Gemüsebrühe (Konzentrat aus dem Glas oder Würfel)
1 EL getrocknete Tomaten in Öl
Salz
frisch gemahlener schwarzer Pfeffer
2 kg frische dicke Bohnen
2 reife Tomaten
½ Bund Basilikum

Die Kartoffeln unter fließendem Wasser kräftig abbürsten, in heißem, gesalzenem Wasser in etwa 20 Minuten kochen. Dann abgießen, mit kaltem Wasser abschrecken und pellen. Abgedeckt beiseite stellen.
Die Knoblauchzehen pellen, in einen hohen Becher oder in die Mixschüssel der Küchenmaschine geben. Das Olivenöl zufügen; die Oliven vom Stein schneiden, zufügen. Den Limettensaft einrühren, die Estragonblätter grob zerkleinern und dazugeben und das Ganze fein pürieren. Die Gemüsebrühe und die zerkleinerten getrockneten Tomaten unterrühren, mit Salz und Pfeffer abschmecken.

Die Kartoffeln in dünne Scheiben schneiden, in einer großen Schüssel ausbreiten, mit der Olivencreme gleichmäßig beträufeln. Die Schüssel abdecken und die Kartoffeln mindestens ½ Stunde marinieren.
Die dicken Bohnen aus den Schoten herausdrücken, in leicht gesalzenem Wasser 5 Minuten köcheln. Etwas abgekühlt unter die Kartoffeln mischen. Den Salat mit Tomatenachteln und Basilikumblättern dekoriert servieren.

Tipp: Sie können anstelle der frischen dicken Bohnen natürlich Tiefkühlware verwenden, das schmeckt auch lecker, kommt aber im Geschmackserlebnis nicht an die frischen Bohnen heran. Das ist übrigens bei frischen Erbsen ganz genauso.

Fruchtiger Kartoffelsalat

Für 4 Portionen
Zubereitungszeit: etwa 25 Minuten (ohne Ruhezeit)

750 g Kartoffeln
150 ml Gemüsebrühe
Salz
2 EL Haselnussöl
3 – 4 EL Estragon- oder Sherryessig
frisch gemahlener Pfeffer
1 rote Zwiebel
150 g Haselnüsse
3 reife Nektarinen
100 g Mayonnaise
ein paar Schnittlauchröllchen

Kartoffeln unter fließendem Wasser rasch abbürsten, in heißem Wasser zum Kochen bringen und in ca. 25 Minuten weich kochen. Abgießen, mit kaltem Wasser abschrecken und, leicht abgekühlt, pellen. Die Kartoffeln in dünne Scheiben oder kleine Würfel schneiden. In eine Schüssel geben und mit der Gemüsebrühe begießen. Für die Marinade das Salz mit dem Öl, Essig und Pfeffer vermischen, über die Kartoffeln gießen. Die Zwiebel schälen und mit einem scharfen Messer fein schneiden bzw. hacken. Über die Kartoffeln streuen. Abgedeckt etwa 60 Minuten marinieren lassen.

Die Haselnüsse in einer trockenen Pfanne unter ständigem Rühren rösten, bis sich die braune Haut löst. Die Nüsse abkühlen lassen, auf ein Tuch legen, gegeneinander reiben, damit sich die Haut ablösen kann. Die Nüsse grob hacken. Die Nektarinen waschen, halbieren und in Spalten oder Würfel schneiden. Die Mayonnaise vorsichtig unter die Kartoffeln rühren, die Nektarinen unterheben, die Hälfte der Nüsse mit unterheben. Den Salat kräftig abschmecken, auf einen großen Teller oder in eine Glasschüssel füllen, mit den restlichen Nüssen überstreuen. Die Schnittlauchröllchen darüber streuen.

Tipp: Als Variation für diesen leckeren fruchtigen Salat eignen sich sehr gut statt dem Haselnussöl ein Walnussöl und dementsprechend gehackte Walnusskerne (hier entfällt das Rösten und Schälen). Und statt der Nektarinen können Sie Pfirsiche nehmen; im Winter auf Obst aus dem Glas ausweichen. Sehr lecker schmecken knusprige Grünkernbacklinge zu diesem Kartoffelsalat, wobei sich hier die Aminosäuren von Getreide und Kartoffel hervorragend ergänzen.

Lauwarmer Gewürz-Kartoffel-Salat

Für 4 Portionen
Zubereitungszeit: etwa 30 Minuten

750 g Kartoffeln (möglichst kleine Exemplare)
1 Bund Lauchzwiebeln (ersatzweise dünne Lauchstangen)
3 cm langes Stück Ingwerwurzel
2 – 3 EL Sonnenblumenöl
½ TL gemahlener Kreuzkümmel (Cumin)
1 Prise Safran
1 Hauch Cayennepfeffer
Saft von ½ Limette
Salz
frisch gemahlener Pfeffer
½ Bund glatte Petersilie
1 EL frische Minzeblätter
250 ml Naturjoghurt, mindestens 3,5 % Fett
1 Knoblauchzehe

Die Kartoffeln unter fließendem Wasser kräftig abbürsten, in heißem Wasser zum Kochen bringen, in ca. 20 Minuten weich kochen. Abschütten, mit kaltem Wasser abschrecken, abkühlen lassen. Die Lauchzwiebeln putzen und in Ringe schneiden. Die Kartoffeln pellen und in Scheiben schneiden. Die Ingwerwurzel mit einem Sparschäler dünn abschälen und fein reiben. Das Sonnenblumenöl in einer großen Pfanne heiß werden lassen. Die Lauchzwiebeln darin andünsten. Kreuzkümmel, Safran und Cayennepfeffer zufügen, leicht mit andünsten. Die Kartoffelscheiben zufügen, mit dem Limettensaft und einer Tasse heißem Wasser ablöschen. Mit Salz und Pfeffer würzen und bei geschlossenem Deckel etwa 10 Minuten einkochen lassen.

Die Petersilie waschen, trockenschütteln, die Blättchen von den Stielen zupfen und fein hacken, ein paar kleinere Blättchen ganz lassen. Die Minzeblätter waschen, trockenschütteln, fein hacken. Die Hälfte der Petersilie und die Minze in das Joghurt rühren. Mit

Salz und Pfeffer abschmecken. Die Knoblauchzehe pellen und durch eine Knoblauchpresse in den Joghurt drücken, verrühren. Die restliche Petersilie unter den Kartoffelsalat heben. Den Salat auf vorgewärmten Teller servieren, die Joghurtsauce getrennt dazu reichen.

Tipp: Verwechseln Sie bitte nicht Kümmel und Kreuzkümmel, Geschmack und Geruch unterscheiden sich deutlich voneinander. Kreuzkümmel oder auch Cumin wird viel in der indischen bzw. orientalischen Küche verwendet und ist Bestandteil jeder Gewürzmischung, Masala genannt. Die Wirkungsweise ist »unserem« Kümmel, der zur selben Familie wie die Petersilie gehört, sehr ähnlich, Cumin wirkt unter anderem verdauungsfördernd und hilft gegen Blähungen. In alten Kochbüchern ist Cumin oder Kreuzkümmel häufig als Zutat zu finden; er wird, um seinen Geschmack zu erhöhen, gewöhnlich vor der Verwendung trocken, also ohne Zugabe von Fett, geröstet. Spanienurlauber kennen Kreuzkümmel, weil er, in Verbindung mit Safran und Zimt, oft in den unvergleichlich guten Eintöpfen zu finden ist. Sogar in den USA findet er seine Anhänger: In Texas wird das Chili con carne damit gewürzt. Sie bekommen Kreuzkümmel aus kontrolliertem Anbau in jedem gut sortierten Naturkostladen und Reformhaus.

Verwenden Sie auf jeden Fall frischen Ingwer. Die frische zitronige Schärfe ist mit nichts zu vergleichen, am allerwenigsten jedoch mit Ingwerpulver ...
Zu diesem lauwarmen gewürzten Salat schmeckte mir am besten ein frisches knuspriges Ciabattabrot. Authentischer ist natürlich Chapati, das indische Fladenbrot (auch in gut sortierten Naturkostläden und Reformhäusern in Qualität aus kontrolliert biologischem Anbau zu bekommen!).

Ein ganz exquisiter Salat, mit grünem Spargel und geschmorten Tomaten! (Und trotzdem kinderleicht zuzubereiten.)

Spargel-Kartoffel-Salat

Für 4 – 6 Portionen
Zubereitungszeit: etwa 35 Minuten (ohne Ruhezeit)

1 kg Kartoffeln
300 g grüner Spargel
Salz
4 – 6 große Fleischtomaten
1 EL Butter
frisch gemahlener schwarzer Pfeffer
130 ml Gemüsebrühe
4 – 6 EL Sonnenblumenöl
4 EL Himbeeressig
2 kleine Lauchzwiebeln

Die Kartoffeln unter fließendem Wasser abbürsten, in heißem Wasser zum Kochen bringen, in knapp 25 Minuten weich kochen. Abschütten, mit kaltem Wasser abschrecken, abkühlen lassen, pellen und in Scheiben oder Würfel schneiden.
Den Spargel waschen, die holzigen Enden abschneiden, in heißem Salzwasser zum Kochen bringen und in etwa 6 – 8 Minuten (je nach Stärke der Stangen und Frischegrad) nicht zu weich kochen. Abschütten und mit eiskaltem Wasser abschrecken, so behält der Spargel die frische grüne Farbe. Die Stangen schräg in dünne Scheiben schneiden, die Köpfe ganz lassen, maximal halbieren. Die Tomaten kreuzweise einritzen, in einem Sieb kurz in kochendes Wasser halten (heben Sie zu diesem Zweck einfach das Spargelkochwasser auf, das ist ja schon heiß!). Die Tomaten mit kaltem Wasser abschrecken, die Haut abziehen. Die Tomaten vierteln, entkernen und den Stielansatz herausschneiden. Die Butter in einer Pfanne erwärmen, die Tomatenviertel darin etwa 8 Minuten anschmoren, mit Salz und Pfeffer abschmecken. Die heiße Gemü-

sebrühe, das Sonnenblumenöl und den Himbeeressig in einer großen Schüssel verrühren. Die Kartoffeln, den Spargel und die geschmorten Tomaten mit der Marinade gut vermischen. Den Salat abgedeckt mindestens eine Stunde ruhen lassen. Danach nochmals mit Salz und Pfeffer kräftig abschmecken. Die Lauchzwiebeln waschen, putzen und in dünne Ringe schneiden. Kurz vor dem Servieren unter den Salat mischen.

Tipp: Dieser Salat ist so delikat, ich würde außer ein paar Estragon- oder Basilikumblättchen nichts mehr hinzufügen!
Erwähnenswert ist an dieser Stelle, dass die geschmorten Tomaten im Gegensatz zu roh verwendeten einen entscheidenden Vorteil bieten: Einer der sekundäre Pflanzenstoffe der Tomate, das Lycopin, das für die Stärkung unseres Immunsystems steht, ist in erhitzten Tomatenprodukten wesentlich besser für unseren Körper verwertbar.

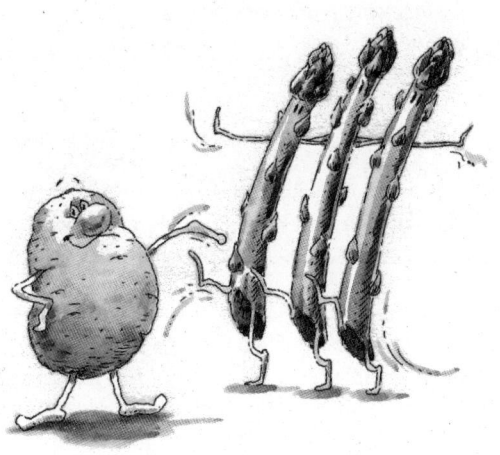

Kartoffelsalat mit Räuchertofu

Für 6 Personen
Zubereitungszeit: etwa 30 Minuten (ohne Kühlzeit)

1 ½ kg Kartoffeln
Salz
4 EL Estragonessig
1 MSP Piment
½ TL Majoran, getrocknet
½ TL Estragonblätter, getrocknet
1 TL Honig
6 EL Mayonnaise
180 g Naturjoghurt
Saft von einer halben Limette
2 EL Meerrettich
1 – 2 säuerliche Äpfel
1 kleine Stange Lauch
1 Gewürzgurke
1 rote Paprikaschote
1 kleine weiße Zwiebel
3 – 4 EL eingelegte Perlzwiebeln
150 g Räuchertofu
2 hart gekochte Eier
2 EL Kürbiskerne
1 Kästchen Kresse

Die Kartoffeln unter fließendem Wasser kräftig abbürsten, in heißem, gesalzenem Wasser etwa 30 Minuten kochen. Dann abgießen, mit kaltem Wasser abschrecken und pellen. Abgedeckt beiseite stellen.
In einer großen Schüssel den Estragonessig mit etwas Salz verrühren, bis sich das Salz aufgelöst hat. Das Pimentpulver, den Majoran, die Estragonblätter zugeben und den Honig unterrühren. Mayonnaise, Joghurt, Limettensaft und den Meerrettich zugeben und verrühren, kräftig abschmecken.

Die Äpfel waschen, nur bei Bedarf schälen, vierteln und das Kerngehäuse entfernen, die Viertel in Würfel schneiden. Gleich in die Marinade geben, damit sich die Äpfel nicht braun verfärben. Den Lauch putzen, der Länge nach aufschneiden und unter fließendem Wasser waschen. Dann in feine Ringe schneiden, die grünen Anteile, soweit sie zart sind, mitverwenden, etwas feiner schneiden. Die Gewürzgurke in Würfel schneiden. Die Paprikaschote waschen, trocknen und das Innere mitsamt den Kernen entfernen. Die Schote erst in Streifen, dann in Würfel schneiden. Die Zwiebel pellen und in feine Würfel schneiden oder hacken. Alles zur Marinade in die große Schüssel geben, die Perlzwiebeln zufügen – größere Zwiebeln eventuell halbieren oder vierteln. Alles gut durchmischen. Die Kartoffeln in dicke Scheiben schneiden oder würfeln, vorsichtig unterheben. Den Räuchertofu würfeln und ebenfalls vorsichtig unterheben. Die Schüssel abdecken und den Salat mindestens 30 Minuten ziehen lassen. Die hart gekochten Eier pellen und in Scheiben schneiden. Die Kürbiskerne in einer trockenen Pfanne rösten, bis sie leicht zu duften beginnen. Dann gleich auf ein Brett schütten (sonst werden sie in der noch heißen Pfanne zu dunkel) und mit einem großen schweren Messer grob hacken. Den Kartoffelsalat mit den Eischeiben und der Kresse garnieren, die gehackten Kürbiskerne darüber streuen.

Tipp: Wenn Sie keine Kürbiskerne mögen, können Sie auch Sonnenblumenkerne nehmen; auch diese werden in einer trockenen Pfanne geröstet. Es lohnt sich, von den gerösteten Kernen eine größere Menge herzustellen. Sie sind eine leckere und gesunde Alternative zum Beispiel zu Erdnüssen.

Nicht von frischen Tomaten ist hier die Rede, sondern von den aromatischen, in der heißen Sonne des Südens getrockneten Tomaten, in Olivenöl eingelegt. Also auch im Winter ein adäquater Salat!

Tomaten-Kartoffel-Salat

Für 4 Portionen
Zubereitungszeit: etwa 35 Minuten (ohne Ruhezeit)

1 kg Kartoffeln
1 EL milder Balsamicoessig
Saft von einer Zitrone
½ TL flüssiger Honig (Akazienhonig)
½ TL mittelscharfer Senf
Salz
frisch gemahlener schwarzer Pfeffer
2 Schalotten
50 g getrocknete Tomaten in Olivenöl
3 EL gutes Olivenöl
1 Bataviasalat (ersatzweise roter Frisée im Sommer,
 2 – 3 Stangen Chicorée im Winter)
1 Bund Basilikum

Die Kartoffeln unter fließendem Wasser abbürsten, in heißem Wasser zum Kochen bringen, in knapp 25 Minuten weich kochen. Abschütten, mit kaltem Wasser abschrecken, abkühlen lassen und dann pellen. In einer Schüssel den Balsamico, den Zitronensaft, Honig und Senf zu einer Marinade verrühren, mit Salz und Pfeffer würzen. Die Schalotten schälen und fein hacken bzw. schneiden. Zur Marinade geben. Die Tomaten würfeln oder in Streifen schneiden, dabei von dem Olivenöl der Tomaten einen Esslöffel zur Marinade geben. Das Olivenöl und die getrockneten Tomaten zur Sauce geben. Die Kartoffeln in Scheiben oder Würfel schneiden, mit der Sauce vorsichtig vermischen. Den Salat waschen, putzen und zerkleinert unter die Kartoffeln heben. Basilikumblätter von den Stielen zupfen, größere Blätter in Streifen schneiden und alles zum Kartoffelsalat geben, vorsichtig mischen. Den Salat vor dem Verzehr mindestens eine Stunde in der Marinade ziehen lassen.

Tipp: Wie alle Kartoffelsalate eignet sich dieser als Partysalat, für ein Picknick, für den Brunch oder als Büromahlzeit. Reichen Sie getrennt dazu ein paar geröstete Sonnenblumen- oder Kürbiskerne, das gibt »Biss«, schmeckt köstlich und ist obendrein gesund. Wenn Sie kein Basilikum bekommen, nehmen Sie glatte Petersilie, die schmeckt auch sehr aromatisch und liefert Vitamine.

Überbackener Kartoffelsalat

Für 4 Portionen
Zeit: etwa 25 Minuten (ohne Ruhezeit)

1 kg Kartoffeln
1 dünne Stange Lauch
1 kleine Salatgurke
einige Estragonblätter oder 1 EL Kapern
4 EL Estragonessig
3 EL Walnussöl
2 EL körniger Senf
Salz
125 ml heiße Gemüsebrühe
1 TL Honig
frisch gemahlener weißer Pfeffer
4 Scheiben Schnittkäse (Gouda, Edamer, Raclettekäse o. Ä.)
4 TL gehackte Walnüsse

Die Kartoffeln **am Vortag** unter fließendem Wasser abbürsten. Wasser in einem Topf heiß werden lassen; die Kartoffeln darin in ca. 25 Minuten weich kochen. In ein Sieb abgießen, mit kaltem Wasser abschrecken und etwas abkühlen lassen. Die Schale mit einem kleinen Küchenmesser abziehen, die Kartoffeln in eine Schüssel legen, mit Haushaltsfolie abdecken, bis zur Verarbeitung kühl stellen.

Die Kartoffeln in dünne Scheiben schneiden. Den Lauch putzen, in feine Ringe schneiden. Dabei den weißen und den grünen Teil getrennt legen. Die Salatgurke abbürsten und in feine Scheiben schneiden oder hobeln (wenn die Gurke aus konventionellem Anbau ist, sollte sie eher geschält werden). Die Estragonblättchen in feine Streifen schneiden. Für die Marinade den Estragonessig und das Walnussöl mit einem Schneebesen verschlagen, Senf, Salz, Gemüsebrühe und Honig zufügen und nochmals kurz aufschlagen, mit Pfeffer bestäuben. Mit den Kartoffel- und Gurkenscheiben, den weißen Ringen des Lauchs und den Estragonblättchen (oder den Kapern) vorsichtig mischen. Mindestens 20 Minuten ziehen lassen. Dann den Salat auf vier Teller verteilen, mit jeweils einer Scheibe Käse belegen, jeweils 1 TL gehackte Nüsse darüber streuen und kurz unter den Grill stellen, bis der Käse verlaufen ist. Mit den grünen Lauchstreifen bestreuen und servieren.

Tipp: Dazu passt frisches knuspriges Baguette, ein Ciabattabrot (mit Oliven oder getrockneten Tomaten besonders lecker) oder auch leicht gebuttertes Vollkornbrot und dazu ein weich gekochtes Ei.
Ich dachte, das wäre ein Rezept nur aus meiner Kinderzeit, als ich das jedoch meinen Freunden, die als Testesser fungieren, erzählte stellte sich heraus, dass fast jede/r diesen überbackenen oder warmen Kartoffelsalat in leicht veränderter Variation kannte!

Aus Topf und Pfanne

Eine Party ohne einen Riesentopf mit Kartoffelgemüse? Undenkbar! Wobei früher zugegebenermaßen eher der Gedanke im Vordergrund stand: ist preiswert, macht satt und ist gut vorzubereiten. Diese drei Kriterien stimmen zwar nach wie vor, heute aber kommt doch eher der Gourmet zum Vorschein: zum Beispiel »Kartoffelgemüse mit Steckrüben in Senfcremesauce«. Oder das »Béchamel-Kartoffel-Gemüse«, da liegt die Raffinesse in der nach dem französischen Marquis Louis de Béchamel genannten Rahmsauce. Aus der Pfanne kommen nicht nur die geliebten Reibekuchen oder die Schweizer Rösti, sondern auch feine Kartoffelplätzchen. Nicht zu vergessen: Bratkartoffeln, die unvergleichlichen »Rohgerösteten« oder die von den übrig gebliebenen Kartoffeln vom Vortag. Wer hat sich damit noch nicht gerettet, wenn absolut nichts mehr im Haus war außer ein paar Kartoffeln, einer einsamen Zwiebel und einem Ei oder etwas Käse? Lassen Sie sich überraschen von der vielfältigen Zubereitungsweise der Kartoffel in Topf oder Pfanne.

Ein Klassiker – auch noch in der in der heutigen Kartoffelküche – ist das

Béchamel-Kartoffel-Gemüse

Für 4 – 6 Portionen
Zubereitungszeit: etwa 45 Minuten

1 kg Kartoffeln
1 – 2 Möhren
½ Kohlrabi
1 große Zwiebel
60 g Butter
1 Zweig Thymian
½ Bund glatte Petersilie
60 g Weizenmehl
¼ l Gemüsebrühe
125 ml Milch
125 ml süße Sahne
Salz
frisch gemahlene Muskatnuss
frisch gemahlener schwarzer Pfeffer
1 Bund Schnittlauch

Die Kartoffeln abbürsten, in bereits kochendem Wasser in etwa 25 Minuten weich kochen, pellen und in Scheiben schneiden. Für die Béchamelsauce Möhren und Kohlrabi putzen, schälen und in feine Würfel schneiden. Die Zwiebel pellen, vierteln und hacken oder fein schneiden. Die Butter erhitzen, Möhren- und Kohlrabiwürfel sowie die Zwiebelscheiben darin andünsten. Die Kräuter waschen, trockenschütteln, die Blätter von den Stielen zupfen und fein hacken. Zum Gemüse geben. Das Mehl darüber stäuben, umrühren. Gemüsebrühe und Milch angießen, gut mit dem Mehl und dem Gemüse vermischen und knapp 10 Minuten leicht köcheln lassen. Aufpassen, dass nichts am Topfboden anhängt. Das Ganze mit dem Pürierstab eines Handrührers fein pürieren. Die Sahne unter die Sauce rühren, mit Salz, Muskatnuss und Pfeffer kräftig abschmecken. Den Schnittlauch waschen, trockenschütteln, mit einer Schere in kleine Röllchen schneiden. Unter die Sauce mischen und die Kartoffelscheiben unterheben.

Tipp: In den heutigen Rezepten ist die Béchamelsauce lediglich eine einfache Mehlsauce. Mir schmeckt die Version von 1868 viel besser. Damals musste die Köchin die Sauce mühsam durch ein Passiersieb rühren, bis später das Passe tout kam, auch »die flotte Lotte« genannt. Dieses Gerät feiert übrigens zurzeit ein furioses Comeback, ist es doch eines der wenigen wirklich guten Helfer, das ohne Stromanschluss auskommt, leicht sauber zu machen und sehr funktionell ist.
Feinschmecker geben noch ein paar Kapern an das Gemüse, sehr aromatisch!

Achtung: Für dieses außergewöhnliche, aber einfache Gericht benötigen Sie eine spezielle Puddingform, die verschließbar ist!

Herzhafter Kartoffelpudding

Für 4 Portionen
Zubereitungszeit: etwa 60 Minuten

500 g Kartoffeln
Salz
60 g Butter
4 Eier
2 Brötchen vom Vortag
5 EL Milch
1 Bund Zwiebelgrün (ersatzweise eine große Zwiebel)
½ Bund glatte Petersilie
einige Zweige Majoran (ersatzweise ½ TL getrocknet)
einige Zweige Thymian (ersatzweise ½ TL getrocknet)
100 g geriebenen, mittelalten Gouda
2 EL Mehl
4 EL Noilly Prat (franz. Wermut)
  ersatzweise 2 – 3 EL süße Sahne
frisch gemahlener schwarzer Pfeffer
1 Prise frisch geriebene Muskatnuss
etwas Butter zum Einfetten der Form
geriebene Mandeln zum Ausstreuen der Form

Kartoffeln waschen, in bereits heißem Salzwasser aufkochen und in etwa 30 Minuten weich kochen. Das Wasser abschütten und die Kartoffeln kurz mit kaltem Wasser abschrecken. Die Kartoffeln etwas abkühlen lassen, aber möglichst heiß pellen und gleich durch eine Kartoffelpresse drücken oder mit einem Kartoffelstampfer gründlich zerdrücken. Oder abkühlen lassen und mit einer groben Reibe zerkleinern. Die Butter in einer großen Rührschüssel mit den Quirlen der Küchenmaschine oder eines Handmixers schaumig rühren. Die vier Eier trennen, dabei das Eiweiß in eine hohe

Rührschüssel geben und diese in den Kühlschrank stellen. Jeweils eine Portion Kartoffeln und ein Eigelb unter die Butter rühren. Die Brötchen mit einem scharfen Sägemesser in Würfel schneiden. In eine Schüssel geben und mit der Milch übergießen. Das Zwiebelgrün waschen, trockenschütteln und in feine Ringe schneiden bzw. die Zwiebel pellen und fein würfeln. Die Petersilie waschen, trockenschütteln, eventuell mit einem Tuch vorsichtig abtupfen. Petersilienblättchen von den Stielen zupfen und fein hacken (mit einem scharfen Messer oder ebenso scharfen Wiegemesser). Majoran und Thymian ebenfalls waschen, gut trockenschütteln bzw. abtupfen, Blättchen von den Stielen zupfen und fein hacken. Die eingeweichten Brötchenwürfel, Zwiebelringe bzw. Würfel, die gehackten Kräuter, den geriebenen Gouda und das Mehl zum Kartoffelteig geben und unterrühren. Den Wermut (ersatzweise die Sahne) unterrühren und den Teig kräftig mit Salz und frisch gemahlenem Pfeffer und Muskatnuss abschmecken. Eine Puddingform gründlich einfetten (auch die Unterseite des Deckels) und mit den geriebenen Mandeln ausstreuen. Das gekühlte Eiweiß steif schlagen und mit einem Teigschaber unter den Kartoffelteig heben. Den Teig in die Puddingform füllen, maximal bis 2 cm unter den Rand, da der Teig sich während des Erhitzens ausdehnt. Einen entsprechend großen Topf mit kaltem Wasser füllen und die Puddingform hineinsetzen (eventuell mit einem Brett o. Ä. beschweren). Das Wasser darf jedoch nur bis zwei Fingerbreit unter den Rand der Form reichen. Das Wasser zum Kochen bringen. Den Pudding bei schwacher Hitze etwa 60 Minuten ziehen lassen. Dann die Form aus dem Wasser heben, vorsichtig den Deckel öffnen (auf die Finger aufpassen, es tritt sehr heißer Dampf aus). Den Pudding knapp 15 Minuten ausdampfen lassen. Danach wird er auf eine möglichst vorgewärmte Platte gestürzt und mit einem scharfen Messer in Portionsstücke geschnitten.

Die Zeit für dieses köstliche, fedrige und zarte Gewürz – gemeint ist der Dill – ist leider sehr kurz. Umso wichtiger, sie zu nutzen zum Beispiel für das nachfolgende, leckere Gemüse.

Dillrahmkartoffeln mit Gurken

Für 4 Portionen
Zubereitungszeit: etwa 40 Minuten

500 g kleine Kartoffeln
2 weiße Zwiebeln (ersatzweise 1 Gemüsezwiebel)
1 Salatgurke
3 EL Butter
40 g feines Weizen- oder Dinkelmehl
½ l Gemüsebrühe
   (aus Konzentrat aus dem Glas oder von Würfeln)
100 g Crème fraîche
Salz
frisch gemahlener weißer Pfeffer
½ TL Akazienhonig
100 g Gewürzgurken
2 Bund Dill

Die Kartoffeln unter fließendem Wasser gründlich abbürsten, in einem Topf mit kochendem Wasser in ca. 20 Minuten, je nach Größe und Frischegrad der Kartoffeln, weich kochen. Abschütten und auskühlen lassen. Die Zwiebeln schälen, halbieren und fein würfeln. Die Salatgurke waschen (nur schälen, wenn sie nicht aus Bioanbau oder die Schale sehr fest ist), halbieren, die Kerne mit einem Löffel herausschaben, die Hälften nochmals halbieren, fingerdicke Stücke schneiden. Die Butter in einem breiten Topf zerlassen, die Zwiebelwürfel hineingeben und in knapp 10 Minuten glasig dünsten, nach 5 Minuten die Gurkenstücke zufügen. Das Mehl über das Gemüse stäuben, sorgfältig durchrühren und mit anschwitzen. Die Gemüsebrühe unter Rühren zugießen und aufkochen lassen. Die Crème fraîche unterrühren und das Ganze herzhaft mit Salz und Pfeffer würzen, den Honig zufügen. Die Gewürzgurken in dünne Scheiben schneiden. Den Dill waschen, gründlich trockenschütteln, von den Stielen zupfen und hacken. Die Kartoffeln je nach Größe halbieren oder vierteln, mit den Gewürzgurkenscheiben vorsichtig unter das Gemüse heben. Kurz vor dem Servieren den gehackten Dill unterheben und das Gemüse auf vorgewärmten Tellern servieren.

Tipp: Zu den Dillrahmkartoffeln reichen Sie Grünkernbratlinge oder ein leckeres Ciabattabrot, vielleicht angereichert mit ein paar Oliven oder getrockneten Tomaten.

Ein wunderbar aromatisches Sommergemüse!

Kartoffelgemüse aus Griechenland
Für 4 Portionen
Zubereitungszeit: etwa 40 Minuten

4 große reife Fleischtomaten
500 g Paprikaschoten (grün oder gelb und rot)
2 große Gemüsezwiebeln
750 g Kartoffeln
Salz
frisch gemahlener Pfeffer
4 EL sehr gutes Olivenöl
½ Bund Petersilie

Die Fleischtomaten in einem Sieb kurz in kochendes Wasser tauchen (am besten das Wasser in einem großen Topf erhitzen), dann mit kaltem Wasser abschrecken und, wenn sie abgekühlt sind, die Haut abziehen. Den Stängelansatz herausschneiden und die Tomaten in grobe Würfel schneiden.
Die Paprikaschoten kurz abwaschen, die wattigen Innenteile und die Kerne herausnehmen. Die Gemüsezwiebeln pellen, die Kartoffeln kräftig abbürsten. Alle Gemüse in große Würfel schneiden und tropfnass mit den Tomatenwürfeln zusammen in einen Topf mit einem gut schließenden Deckel geben, mit Salz und Pfeffer würzen. Das Olivenöl darüber gießen, den Deckel auflegen. Das Gemüse etwa 40 Minuten bei mittlerer Hitze garen. Zwischendurch vorsichtig umrühren. In der Zwischenzeit die Petersilienblättchen von den Stielen zupfen und grob hacken. Das gegarte Gemüse mit den Kräutern überstreuen.

Tipp: Das Gemüse kann lauwarm und auch kalt gegessen werden, das macht es zu einem Sommerklassiker. Voraussetzung für ein wirklich aromatisches Gemüse sind hervorragende Zutaten: Alle Gemüse sollten aus Bioanbau von zertifizierten Höfen stammen bzw. im Naturkostladen oder Reformhaus gekauft werden. Idealerweise haben Sie einige Zutaten sogar im eigenen oder Freundes Garten ... Auch das Olivenöl sollte eine ausgesprochen gute Qualität haben, um aus diesen »einfachen« Zutaten einen Genuss zu machen.

Das perfekte Gäste- oder sich selbst Verwöhnessen!

Luxus-Reibekuchen
Für 4 Portionen
Zubereitungszeit: etwa 45 Minuten

2 große Kartoffeln
1 kleine weiße Zwiebel (oder 2 Schalotten)
3 große Artischocken
1 Ei
2 EL Semmelbrösel
Saft von ½ Zitrone
Salz
frisch gemahlener schwarzer Pfeffer
Butterschmalz zum Ausbacken

Die Kartoffeln unter fließendem Wasser kräftig abbürsten, abtrocknen. Die Zwiebel pellen und sehr fein schneiden. Die grünen Blätter der Artischocke abschneiden, das heuartige Innere entfernen und nur den Artischockenboden benutzen. Die Kartoffeln und die Artischockenböden auf einer groben Reibe in eine Schüssel hobeln. Das Ei, die Semmelbrösel und den Zitronensaft unterrühren. Mit Salz und Pfeffer würzen. Das Butterschmalz in einer großen Pfanne erhitzen, aus dem Teig esslöffelweise kleine Reibekuchen ausbacken. Auf Küchenpapier abtropfen lassen. Die Küchlein bis zum Servieren im leicht geheizten Backofen warm halten und möglichst auch auf warmen Tellern servieren.

Tipp: Ich habe mir zu den Reibekuchen der Extraklasse eine leckere Käsecreme zubereitet:
80 g Schafskäse (Feta), 100 g Frischkäse, 1 Knoblauchzehe, ein Bund Dill, etwas Kräutersalz, eventuell 1 – 2 EL Sahne.

Den Schafskäse zerbröckeln, mit Frischkäse und zerdrücktem Knoblauch pürieren oder gut zerdrücken. Den Dill fein hacken, zur Creme geben, mit Kräutersalz abschmecken. Nach Wunsch mit der Sahne abrunden. Das Ganze auf Salatblättern dekorieren, die natürlich mitgegessen werden. Die Käsecreme ist für vier Portionen berechnet.

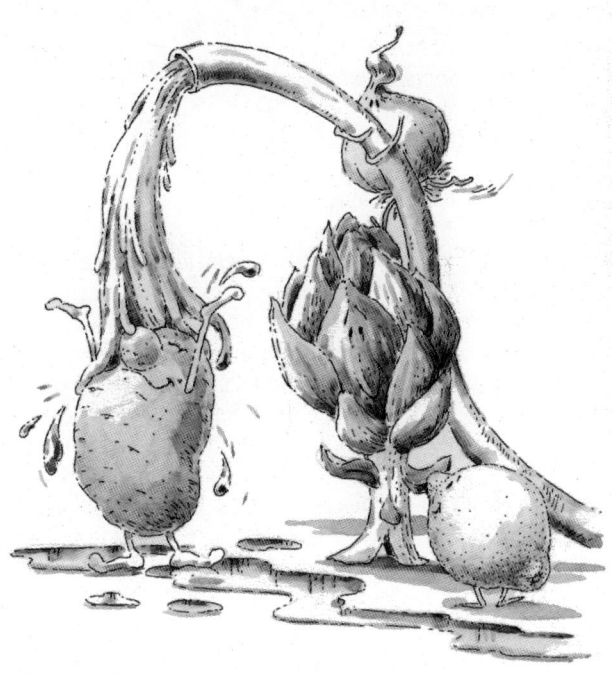

Gefüllte Kartoffelmedaillons

Für 4 Portionen
Zubereitungszeit: 45 Minuten

750 g Kartoffeln
Salz
1 Bund glatte Petersilie
1 Ei
1 EL Milch
125 g fein gemahlener Weizen oder Dinkel
frisch gemahlener Pfeffer
½ TL getrockneter Majoran
1 dicke Zwiebel
1 – 2 EL Sonnenblumen- oder Distelöl
1 EL gehackte Sonnenblumenkerne
¼ TL gemahlener Piment
Cayennepfeffer
125 g feste Tomaten
Kokosfett oder Butterschmalz zum Braten

Die Kartoffeln kräftig abbürsten, in heißem, leicht gesalzenem Wasser in ca. 25 Minuten weich kochen. So heiß wie möglich pellen und durch eine Kartoffelpresse in eine Schüssel drücken bzw. mit einem Kartoffelstampfer zu feinem Püree verarbeiten.
Die Petersilie waschen, trockenschütteln (eventuell in einem Handtuch ausschleudern!), dann die Blättchen von den Stielen zupfen und auf ein Hackbrett legen. Das Ei mit der Milch verquirlen, das Mehl hinzufügen und glatt rühren. Unter den Kartoffelteig rühren. Mit Salz, Pfeffer und den getrockneten Kräuter kräftig abschmecken. Die Zwiebel pellen und in feine Würfel schneiden. Das Öl in einer Pfanne erhitzen, die Zwiebelwürfel darin goldgelb dünsten, die Sonnenblumenkerne zugeben. Den gemahlenen Piment kurz mit anschwitzen, einen Hauch Cayennepfeffer darüber stäuben und unterrühren, abkühlen lassen. Die Tomaten waschen, vierteln und entkernen. Dann in kleine Würfelchen schneiden. Die

Petersilienblätter grob hacken und mit den Tomatenwürfeln zur Zwiebelmasse geben, nochmals abschmecken. Aus dem Kartoffelteig eine Rolle formen und in acht Stücke teilen. Aus diesen jeweils eine Kugel formen. Mit einem Löffel eine Vertiefung eindrücken, einen Teelöffel der Zwiebelmischung hineinfüllen und wieder eine Kugel daraus formen. Diese zu einem flachen Plätzchen drücken und im heißen (Kokos-)Fett von beiden Seiten in jeweils ca. 4 Minuten goldbraun backen.

Tipp: Nicht nur Kinder lieben diese Kartoffelmedaillons, bereiten Sie also ruhig die doppelte Portion zu! Die Füllung dieser Kartoffelüberraschung können Sie beliebig verändern. Statt der Sonnenblumenkerne eignen sich gehackte Kürbiskerne ebenso wie fein gehackte Macadamia- oder Cashewnüsse. Ein paar Käsewürfel unter die Füllung gemischt ist sehr lecker. Hier kann es ganz normaler Gouda sein oder ein paar Stückchen Camembert oder auch ein wenig Roquefort.
Ein frischer bunter Salat schmeckt am besten dazu oder auch Chicorée- oder Feldsalat.

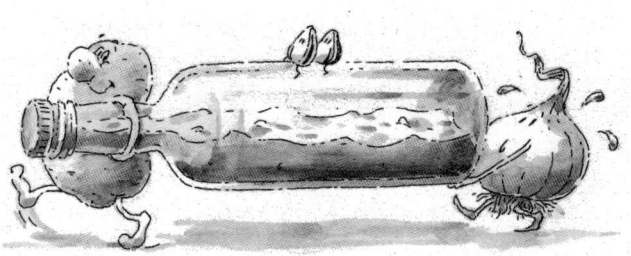

Gut vorzubereiten – farbenfroh und variabel!

Bunte Kartoffelpfanne

Für 1 Portion
Zubereitungszeit: etwa 35 Minuten

1 mittelgroße Kartoffel
100 g grüne Bohnen
Salz
200 g Tomaten
20 g Butter (ca. 1 TL)
frisch gemahlener schwarzer Pfeffer
je ½ TL gehackte Kräuter
   z. B. Majoran, Estragon, Petersilie
1 MSP Muskatnuss, frisch gerieben
1 Ei
100 g Crème fraîche
etwas Zwiebelgrün oder Schnittlauch

Kartoffel unter fließendem Wasser abbürsten, Bohnen waschen, Enden abschneiden, eventuell in Stücke schneiden. Kartoffel in wenig Salzwasser weich kochen. Bohnen in einem anderen Topf in etwas Salzwasser bissfest kochen (bei frischen Bohnen aufpassen, der Moment zwischen bissfest und weich ist sehr kurz). Tomaten waschen, den Stielansatz mit einem spitzen Messer kelchförmig großzügig herausschneiden. Tomaten in dünne Scheiben schneiden, leicht salzen. Kartoffel und Bohnen abgießen, leicht abkühlen lassen und ebenfalls in Scheiben schneiden. Die Butter in einer Pfanne zerlassen, Kartoffelscheiben, Bohnen und Tomatenscheiben ringförmig darin anordnen, mit Salz, Pfeffer und Muskat würzen, mit den Kräutern bestreuen.

Ei und Crème fraîche mit einem Schneebesen gut verrühren, über die Gemüse gießen und in etwa 8 Minuten leicht fest werden lassen. Das Ganze auf einen vorgewärmten Teller gleiten lassen und mit Schnittlauch- bzw. Zwiebelgrünröllchen bestreuen.

Dazu passt ein kräftiger grüner Salat wie Endivien oder auch knackiger Chicorée.

Tipp: Wenn Sie morgens Ihren Kaffee bzw. Tee ansetzen, können Sie Kartoffel und Bohnen schon kochen, dann haben Sie mittags oder abends Zeit gespart und im Nu ein leckeres Essen gezaubert. Wenn Sie auch noch Ihre Salatsauce so zubereiten, dass Sie immer einen Vorrat (der in einem Schraubdeckelglas gut eine Woche im Kühlschrank haltbar ist) davon haben, ist die »schnelle Küche« perfekt.

Ganz einfach und sehr delikat, außerdem gut vorzubereiten!

Herzhafte Kartoffelplätzchen mit Knoblauch an Tomatencreme

Für 4 Portionen
Zubereitungszeit: etwa 45 Minuten

1 kg Kartoffeln
4 große, reife Fleischtomaten
1 kleine rote Chilischote
1 große Gemüsezwiebel
½ Bund Thymian
1 Zweig Majoran (ersatzweise ½ TL getrocknet)
50 g Butter (in kleinen Stücken eisgekühlt)
1 EL Olivenöl
1 TL gutes Curry
1 Prise Zimt
1 Prise Pimentpulver
1 MSP Rosmarinnadeln, gehackt (ersatzweise ½ MSP Pulver)
4 Eier
2 EL Mehl
2 – 6 Knoblauchzehen
etwas Salz
frisch gemahlener schwarzer Pfeffer
Öl zum Braten

Die Kartoffeln waschen, dabei kräftig abbürsten, trocknen lassen. Für die Tomatencreme die Tomaten in sehr heißem Wasser kurz liegen lassen. Über einem Sieb abschütten und mit kaltem Wasser abschrecken, abkühlen lassen. Die Chilischote – mit Handschuhen – längs aufschneiden und dann in kleine Würfelchen schneiden. Die Gemüsezwiebel pellen und grob würfeln. Die Blättchen von Thymian und Majoran von den Zweigen zupfen und grob hacken. (Sollten Sie Kräuter mit Blüten erwischt haben, heben Sie diese auf und verwenden Sie sie später für die Dekoration.) Nun die Haut von den abgekühlten Tomaten ziehen, den Stängelansatz herausschneiden und die Tomaten würfeln, dabei die Kerne möglichst weitgehend entfernen. In einem Topf mit dickem Boden einen Esslöffel der Butter mit dem Olivenöl erhitzen. Die Zwiebelwürfel im heißen Fett anbraten, mit dem Curry bestäuben und weiterbraten, bis sie leicht glasig, allenfalls hellbraun sind. Die Tomatenwürfel und die Chilistückchen zufügen und unterrühren. Die Hälfte der Thymian- und Majoranblättchen sowie Zimt, Piment und die Rosmarinnadeln zufügen. Alles gut unterrühren, damit sich die Gewürze gleichmäßig verteilen können. Das Ganze etwa 15 Minuten leicht köcheln lassen, bis die Flüssigkeit der Tomaten verdampft ist. Ganz zum Schluss die eiskalten Butterstückchen unterrühren – das ergibt Bindung, einen leichten Glanz und schmeckt sehr lecker.

Die Kartoffeln fein reiben (am besten geht das in einer Küchenmaschine). Das Geriebene sehr gut ausdrücken und in einer Schüssel mit den restlichen Thymian- und Majoranblättchen vermischen, Eier, Mehl und die zerdrückten Knoblauchzehen zugeben und unterrühren, mit Salz und Pfeffer herzhaft abschmecken.

Das Öl in zwei Pfannen erhitzen. Den Kartoffelteig esslöffelweise in die Pfannen geben und etwas flach drücken. Auf jeder Seite etwa 4 Minuten goldbraun braten. Die Kartoffelplätzchen auf Küchenpapier legen und im vorgeheizten Ofen warm halten, bis die restlichen Plätzchen gebacken sind.

Die Tomatencreme notfalls nochmals kurz erwärmen, zu den Plätzchen servieren.

Servieren Sie einen knackigen grünen Salat, Feldsalat oder Gemüse wie Kohlrabi, oder im Winter Rosenkohl oder Wirsing dazu, sehr delikat!

Reibekuchen »Rheinische Art«
Für 4 Portionen
Zubereitungszeit: etwa 60 Minuten

3 kg Kartoffeln
2 Zwiebeln
3 Eier
Salz
frisch gemahlener schwarzer Pfeffer
Öl zum Braten

Die Kartoffeln schälen, waschen und gut abtrocknen. Auf einer Haushaltsreibe mit der feinen Seite in eine Schüssel reiben (was natürlich auch mit der Küchenmaschine geht!). Die Zwiebeln schälen und ebenfalls reiben. Zusammen mit den Eiern unter die Kartoffeln mischen. Mit Salz und Pfeffer würzen und nochmals gut verrühren.
Das Öl portionsweise in einer großen Pfanne erhitzen. Mit einem Esslöffel jeweils Teig in die Pfanne geben und zu kleinen Fladen verteilen; glatt streichen, damit sie möglichst dünn werden. Auf jeder Seite etwa 3 Minuten braten, bis sie goldbraun sind. Aus der Pfanne nehmen, auf Küchenpapier abtropfen lassen und auf vorgewärmte Teller legen.

Tipp: Im Rheinland wird zu den »Riwkooche« Apfelkompott gereicht, natürlich selbst gekocht! Dazu gibt es eine Scheibe des berühmten Eifeler Schwarzbrotes mit Butter bestrichen und eine Tasse starken schwarzen Kaffee. Die wahren Reibekuchenfans bestreichen die Reibekuchen mit Zuckerrübensirup oder Apfelkraut! Im Berliner Raum gibt es auf das Apfelkompott noch einen Klecks Preiselbeerkompott. In Irland würzt man mit Kümmel (sehr lecker), in Schweden gibt man frisch gehackten Schnittlauch in den Teig oder streut die Schnittlauchröllchen – was vitamin- und geschmackserhaltend ist – auf die frisch gebackenen Reibekuchen.

Rösti nach Schweizer Art

Für 2 bis 3 Portionen
Zubereitungszeit: etwa 40 Minuten

1 kg Kartoffeln
Salz
Muskat, frisch gerieben
frisch gemahlener Pfeffer
1 große Gemüsezwiebel
4 EL Butter
100 g geriebener Käse (Emmentaler oder Gouda mittelalt)
1 Bund glatte Petersilie

Die Kartoffeln waschen, in heißem Wasser zum Kochen bringen und weich kochen. Abschrecken und möglichst heiß pellen. Auf einer groben Rohkostreibe in Streifen raspeln und etwas auskühlen lassen, mit Salz, Muskat und Pfeffer abschmecken. Die Zwiebel pellen und in feine Würfel hacken. Die Butter in einer großen Pfanne zerlassen, die Zwiebelwürfel darin hellbraun anrösten. Die gewürzten Kartoffelraspel zufügen und auf dem Pfannenboden etwas festdrücken. Bei mittlerer Hitze etwa 5 Minuten braten. Zum Wenden des Rösti einen Deckel in der passenden Größe auf die Pfanne legen, die Pfanne stürzen, Rösti von dem Deckel in die Pfanne gleiten lassen. Den geriebenen Käse darüber streuen, den Deckel auflegen, Rösti noch etwa 5 Minuten braten.
In der Zwischenzeit die Petersilie waschen, abschütteln, eventuell in einem Küchentuch leicht ausdrücken. Die Blättchen von den Stielen zupfen und grob hacken. Auf das gebratene Rösti streuen und gleich servieren.

Tipp: Hierzu passt ein kräftiger grüner Salat, angereichert mit bunten Paprikawürfeln, ein paar gerösteten Kürbiskernen, einem klein gewürfelten Apfel. Aber auch ein würziges Gemüse schmeckt hervorragend dazu wie Kohlrabi, Radieschen, Spinat oder Lauch.

Lassen Sie sich beim folgenden Rezept nicht schrecken von dem »Ihhhh, das habe ich/meine Oma/mein Opa/meine Eltern im Krieg essen müssen, das kommt mir nicht auf den Teller!«
Unsere leckeren Zutaten gehen eine perfekte Symbiose mit dem kräftig-pfeffrigen Geschmack dieser zu Unrecht in den vergangenen Jahren nur als Tierfutter gebrauchten Kreuzung zwischen Kohlrabi und Herbstrübe ein. Sie enthält u. a. Vitamin C, die Mineralstoffe Calcium und Kalium und ist obendrein mit nur 24 Kalorien pro 100 g ein »schlankes« Vergnügen. Achten Sie beim Kauf auf eine pralle, feste Schale und geben Sie den gelbfleischigen Knollen den Vorzug – zu erkennen an dem lila Kragen! Haupterntezeit der Steckrübe ist im Oktober und November, sie ist aber durch ihre gute Lagerfähigkeit bis in den Mai hinein zu bekommen.

Steckrüben-Kartoffel-Gemüse an Senfcremesauce

Für 4 Portionen
Zubereitungszeit: etwa 40 Minuten

650 g Steckrüben
200 g Schalotten
70 g Butter
Salz
1 EL Apfeldicksaft
1 TL Senfkörner
2 Lorbeerblätter
1 MSP gemahlener Anis
1 Zweig frischer Thymian (knapp ½ TL getrocknet)
10 g getrocknete Steinpilze
½ l Gemüsebrühe
500 g Kartoffeln
1 ½ EL Mehl
2 EL körniger Senf
4 EL Sahne
Pfeffer
1 Bund Schnittlauch

Die Steckrüben schälen und in kleine Würfel schneiden (das eventuell bräunliche »Herz« herausschneiden). Die Schalotten pellen und grob würfeln. Die Butter in einem großen Topf mit dickem Boden erwärmen und die Schalottenwürfel kurz darin andünsten. Dann die Steckrübenwürfel dazugeben. Mit Salz und dem Apfeldicksaft würzen. Die Senfkörner und die Lorbeerblätter, Anispulver und Thymian zufügen, abgedeckt 20 Minuten dünsten. Die getrockneten Steinpilze waschen, damit sich eventuell vorhandene kleine Steinchen etc. lösen können, dann in warmer Gemüsebrühe einweichen. Die Kartoffeln kräftig abbürsten oder schälen. In Hälften bzw. Viertel schneiden, dann in kleine Würfel und zu den Steckrüben in den Topf geben, umrühren, das Mehl darüber stäuben und anschwitzen. Dann die Pilze mitsamt der Gemüsebrühe dazugeben (Brühe durch ein Sieb geben, damit eventuell vorhandene Steinchchen das Gemüse nicht verderben), unterrühren und weitere 25 – 30 Minuten garen. Dabei gelegentlich umrühren und eventuell noch etwas heiße Gemüsebrühe zufügen. Gegen Ende der Kochzeit den körnigen Senf und die Sahne unterrühren, mit Pfeffer abschmecken.
Den Schnittlauch mit einer Schere in Röllchen schneiden und über das fertige Gemüse streuen.

Tipp: Dazu passt – wie immer – ein frischer, knackiger Salat. Aber auch leckere Dinkel-, Hirse- oder Roggenbacklinge harmonieren gut mit dem Gemüse. Je kleiner die Würfel von Steckrübe und Kartoffeln sind, desto schneller ist das Gemüse fertig und umso schöner sieht es aus!
Sie können den Thymian auch mit Majoran austauschen. Wenn Sie frische Kräuter bekommen, verwenden Sie unbedingt die hübschen kleinen essbaren Blüten mit (ob von Thymian, Majoran oder Schnittlauch), sie sehen als Dekoration zwischen den Schnittlauchröllchen sehr schön aus!

Klöße

Kartoffelknödel oder Klöße – wie auch immer Sie in Ihrer Gegend dazu sagen, ein paar Regeln sind wichtig, damit ein kugelrundes, lockeres Ergebnis gelingt:
Zuerst einmal: Klöße werden aus rohen, gekochten oder rohen und gekochten Kartoffeln hergestellt und mit allerlei Füllungen versehen. Sie werden immer in siedendem Wasser gegart, niemals in sprudelnd kochendem Wasser. Denn dann haben Sie eher die Vorstufe einer Kartoffelcremesuppe! Lassen Sie Ihre Fantasie walten beim Füllen der Klöße bzw. bei Zugaben zum Kloßteig.

Und nun ein paar Tipps:
Machen Sie immer einen Probekloß, auch wenn Ihnen das zu aufwändig erscheint. Lieber ein oder zwei misslungene Probeklöße als ein ganzer Topf von Matschklößen oder tennisballartigen Gebilden! Das heißt, Sie bereiten Ihren Kloßteig nach Rezept zu, setzen das leicht gesalzene Wasser zum Kochen auf. Sobald es anfängt zu sieden – das ist das ziemlich laute Geräusch kurz vor dem Kochen, geben Sie einen Probekloß in das Wasser (wenn es doch zu kochen beginnt, schütten Sie etwas kaltes Wasser hinzu). Nach etwa 10 Minuten steigt dieser Kloß nach oben und Sie können ihn herausnehmen und testen. Mit zwei Gabel reißen Sie den Kloß auseinander und prüfen die Konsistenz: Ist er zu weich oder gar matschig, geben Sie noch etwas Mehl bzw. Kartoffelmehl an den Teig. Ist er hingegen hart, fast bröselig, fügen Sie noch etwas Flüssigkeit (Wasser oder Gemüsebrühe) hinzu.

Aus Großmutters Trickkiste ist zu erfahren, dass die Gefahr, nur zerfallene Klöße zu bekommen, zu bannen ist, wenn dem Siedewasser ein wenig Speisestärke zugefügt wird.

Formen Sie die Klöße mit Kartoffelmehl, so werden sie nicht klebrig und behalten ihre Form.

Ein klassisches Rezept:

Kartoffelknödel mit Butterbröseln
Für 12 Klöße
Zubereitungszeit: etwa 60 Minuten

1 kg Kartoffeln
Salz
30 g + 100 g Butter
3 Eigelb
100 g Speisestärke
frisch gemahlener weißer Pfeffer
1 Prise Muskatnuss
1 Prise getrockneter zerriebener Majoran
2 EL Semmelbrösel
Kräutersalz

Die Kartoffeln kurz waschen, schälen und grob würfeln. In etwas Salzwasser nicht zu weich kochen. Den Backofen auf 130 °C vorheizen. Die gekochten Kartoffeln durch ein Sieb abschütten und auf einem Backblech ausbreiten. Im vorgeheizten Backofen etwa 20 Minuten ausdämpfen lassen (das ist wichtig für die spätere Bindung der Kartoffeln). Dann werden die Kartoffeln durch eine Kartoffelpresse gedrückt bzw. mit einem Kartoffelstampfer gründlich zerkleinert. 30 g Butter erhitzen, bis sie hellbraun wird und nussig riecht. Sogleich zu dem Kartoffelteig geben. Die Eigelb, Speisestärke, Pfeffer, Muskatnuss und Majoran unterrühren, den Teig kräftig abschmecken, eventuell noch etwas Salz zufügen. Der glatt geknetete Teig soll nun 60 Minuten abgedeckt ruhen. Die restlichen 100 g Butter in einem kleinen Topf aufschäumen lassen, die Brösel zugeben und bei mittlerer Hitze goldbraun rösten, etwas Kräutersalz darüber stäuben.

Aus dem Kartoffelteig zwölf gleich große Knödel formen. Salzwasser in einem großen Topf aufkochen und die Knödel hineingleiten lassen. Sobald die Knödel an die Oberfläche kommen, 10 Minuten sieden lassen – das Wasser darf nicht mehr kochen, sonst zerfallen die Klöße. Nun werden die Klöße mit einem Schaumlöffel aus dem Wasser gehoben, mit der Bröselbutter beträufelt und gleich serviert.

Tipp: Keine Angst vor dem Knödelmachen – es klingt schwerer, als es geht. Wichtig ist hier, dass die Kartoffeln zu der mehlig kochenden Sorte gehören. Und sie sollten wirklich gut austrocknen nach dem Kochen. Das Trocknen im Backofen – wie im Rezept beschrieben – verleiht den Kartoffeln noch dazu einen besonders aromatischen Geschmack.
Die Knödel passen zu allen Gemüsegerichten oder zu reichhaltigen Salaten. Und: Wer kennt sie nicht aus Kindertagen, die gebackenen Scheiben von übrig gebliebenen Knödeln?! Knusprig in der Pfanne in Sonnenblumenöl oder Butterschmalz ausgebacken, vielleicht mit ein paar Käseflöckchen überbacken oder mit reichlich Schnittlauchröllchen bestreut. Oder, wie im Rheinland bzw. in der Eifel bevorzugt, mit frisch gekochtem Apfelkompott mit Zimt und Rosinen ...

Aus gekochten Kartoffeln sind diese pikanten Wonneproppen!

Gefüllte Kartoffelklöße
Für 4 – 6 Klöße
Zubereitungszeit: etwa 45 Minuten

1 kg Kartoffeln
2 Schalotten
1 EL Butter
½ Bund frischer Kerbel (ersatzweise ½ Bund glatte Petersilie)
3 EL Kartoffelmehl
3 Eier (Größe 2)
1 Prise Muskatblüte (Macis)
1 Prise Pimentpulver
Salz
80 – 100 g Raclettekäse

Die Kartoffeln am Vortag waschen und in heißem Wasser aufkochen, in etwa 25 Minuten weich kochen und abschrecken. Am nächsten Tag schälen und durch die Kartoffelpresse in eine Schüssel drücken. Die Schalotten pellen und fein schneiden, die Butter erhitzen, die Schalotten darin goldbraun anrösten, zu den Kartoffeln geben. Die Kerbelblätter von den Stielen zupfen, fein hacken und unter die Kartoffeln mischen. Das Kartoffelmehl, die Eier und die Gewürze zufügen, gut verkneten. Den Raclettekäse in kleine Würfelchen schneiden. Einen Probekloß (etwa in Walnussgröße) formen. In einem großen Topf Salzwasser aufkochen, den Probekloß im siedenden Wasser ziehen lassen, bis er an die Oberfläche steigt. Ist der Teig zu trocken, eventuell von einem verquirlten Ei die Hälfte zugeben, ist er pappig, etwas Mehl dazugeben. Danach die restlichen Klöße formen, etwas Käse in die Mitte drücken und wieder verschließen. Die Klöße im siedenden Wasser ziehen lassen, bis sie an die Oberfläche steigen. Mit einem Schaumlöffel herausnehmen und abtropfen lassen.

Tipp: Reichen Sie zu den Klößen zum Beispiel eine feine grüne Sauce: Gemüsebrühe aufkochen, mit Reis- oder Kartoffelmehl etwas binden. Gehackte Kräuter nach Wahl unter die leicht abgekühlte Flüssigkeit geben. Etwas Sahne mit Milch gemischt angießen, das Ganze pürieren und mit Salz und Pfeffer, eventuell etwas Zitronen- oder Limettensaft abschmecken. Als Gemüse passt blanchierter Blattspinat dazu, mit ein wenig Knoblauch und gerösteten Mandelblättchen.

Machen Sie sich die Arbeit und schlagen die Eier immer einzeln in einem kleinen Schüsselchen auf, bevor Sie sie in den Teig geben. Es kommt immer wieder einmal vor, dass ein schlechtes Ei in der Packung ist – wie auch immer das passiert. Und es wäre doch fatal, wenn Sie den fast fertigen Teig wegwerfen müssten ...

Selbst gemachte Gnocchi, die italienische Spezialität, super lecker und gar nicht schwer (und gut vorzubereiten)!

Gnocchi mit Mozzarella und Tomaten
Für 3 – 4 Portionen
Zubereitungszeit: etwa 40 Minuten

500 g mehlige Kartoffeln
Salz
2 Eigelb
ca. 150 g fein gemahlenes Dinkelmehl
2 EL Butter
400 g Flaschentomaten
250 g Mozzarella
1 Bund Basilikum
Pfeffer

Die Kartoffeln kräftig abbürsten und in heißem Salzwasser in ca. 25 Minuten weich kochen. Die Kartoffeln so heiß wie möglich pellen und durch eine Kartoffelpresse in eine Schüssel drücken bzw. mit einem Kartoffelstampfer zu feinem Püree verarbeiten und abkühlen lassen. Danach die Eigelb unterrühren (dazu darf das Püree nicht mehr zu heiß sein, sonst gerinnt das Eigelb), mit Salz abschmecken. Das Mehl nach und nach unterkneten, bis ein geschmeidiger Teig entsteht. Mit zwei Teelöffeln kleine Klößchen abstechen (wem das zu schwierig erscheint, formt kleine Kügelchen und drückt diese mit einer Gabel flach, d. h. in »Gnocchiform und -muster«). In einem großen Topf gut gesalzenes Wasser zum Kochen bringen. Die Gnocchi vorsichtig in das Wasser geben und sieden lassen, **nicht kochen**. Nach etwa 3 – 5 Minuten kommen die Gnocchi vom Topfboden an die Wasseroberfläche – jetzt sind sie gar. Mit einem Schaumlöffel herausheben und gut abtropfen lassen.
Den Backofen auf etwa 200 °C vorheizen. Die Tomaten waschen und in Scheiben schneiden. Den Mozzarella in Scheiben oder

Würfel schneiden. Die Gnocchi in eine ofenfeste Auflaufform setzen, mit Butterflöckchen belegen. Tomaten- und Mozzarellascheiben auf die Gnocchi legen, die Auflaufform auf die mittlere Schiene stellen und im vorgeheizten Ofen ca. 15 – 20 Minuten überbacken, bis der Mozzarella etwas zerläuft.
Die Basilikumblätter von den Stielen zupfen, über das abgekühlte Gericht streuen und mit Pfeffer aus der Mühle bestäuben.

Tipp: Mehr als einen gemischten Salat braucht es hier nicht, es wäre schade um den zarten Geschmack der Gnocchi, würde er von anderen Aromen zugedeckt.

Gut vorzubereiten – eignen sich zum Einfrieren.

Überbackene Kartoffelklößchen
Für 4 Portionen
Zubereitungszeit: etwa 50 Minuten

600 g Kartoffeln
60 g Grünkern
1 Ei
1 Zweig Majoran (½ TL getrocknet)
Salz
1 Prise Muskatnuss
etwa 100 g Weizen, fein gemahlen
etwas Butter zum Ausstreichen der Form
1 Stück Parmesan (80 – 100 g)
100 ml Sahne
ein paar frische Rosmarinnadeln (½ MSP Pulver)

Die Kartoffeln abbürsten, in bereits siedendem Wasser in etwa 25 Minuten weich kochen, so heiß wie möglich pellen und durch eine Kartoffelpresse drücken bzw. mit einem Kartoffelstampfer zu sehr feinem Mus zerdrücken, gut abkühlen lassen.
Den Grünkern sehr fein mahlen (oder im Naturkostladen/Reformhaus mahlen lassen). Zum Kartoffelpüree geben, das Ei unterrühren. Die Blättchen vom Majoranzweig zupfen und fein hacken, mit Salz und Muskatnuss unter den Teig rühren, abschmecken. Nun von dem Weizenmehl so viel zufügen, dass der Teig noch gut formbar, aber nicht mehr zu klebrig und weich wird. In einem großen Topf leicht gesalzenes Wasser zum Kochen bringen. Aus dem Kartoffelteig kleine daumendicke und daumenlange Röllchen formen, flach drücken. Auf eine mit Wasser abgespülte Platte legen und die Röllchen mit einer (immer wieder in Wasser getauchten) Gabel flach drücken. Die flach gedrückten Klöße in das kochende Wasser gleiten lassen, im dann siedenden (nicht kochenden)

Wasser an die Oberfläche kommen lassen (dauert etwa 3 – 5 Minuten), dort noch knapp 3 Minuten ziehen lassen. Den Backofen auf 220 °C vorheizen. Die Klößchen in eine ofenfeste, mit der Butter ausgestrichenen Form legen. Den Parmesan in feine Späne darüber hobeln. Die Sahne darüber gießen, die Rosmarinnadeln (nicht zu viele, da sehr kräftig im Geschmack) hacken und darüber streuen. Im vorgeheizten Ofen auf der obersten Schiene etwa 10 – 15 Minuten überbacken, bis die Klößchen leicht gebräunt sind.

Tipp: Servieren Sie im Winter ein feines Rosenkohlgemüse dazu: Rosenkohl waschen, den Strunk kreuzweise einritzen (dadurch garen die Röschen schneller). In einem flachen Topf etwas Butter zerlassen, die Rosenköhlchen darin leicht schwenken und andünsten (sie dürfen hellbraun werden an manchen Stellen, das intensiviert den Geschmack). Etwas Salz, einen Hauch gemahlene Nelke, etwas frisch geriebene Muskatnuss (besser noch: Macis) und frisch gemahlenen Pfeffer oder etwas Piment darüber stäuben, nochmals schwenken, etwa zwei Esslöffel Wasser dazugeben – oder Gemüsebrühe. Deckel auflegen und das Gemüse in knapp 5 – 8 Minuten – je nach Größe der Kohlköpfchen – weich garen. Im Sommer passt zu den überbackenen Klößen sehr gut ein saftiges Ratatouille oder ein Gemüse aus frischem Wirsing, farbig aufgepeppt mit ein paar Möhrenstreifen oder Würfeln aus roter Paprika. Auch ein Ragout aus grünen Bohnen oder ein frisches Lauchgemüse passt gut zu den überbackenen Klößchen.
Die Klöße können Sie so weit vorbereiten, dass sie nur noch – wenn die Gäste oder alle Familienmitglieder da sind – in das heiße Wasser eingelegt werden. Die gekochten und abgekühlten Klöße können Sie ganz prima einfrieren; es lohnt sich daher auf alle Fälle, eine oder mehrere Portionen zusätzlich zuzubereiten.

Sind Sie ein Fan von gerösteten Sonnenblumenkernen? Dann ist dieses super leckere Rezept genau das Richtige für Sie! Und alle »Noch-nicht-Fans« sollten es unbedingt probieren.

Kartoffelklößchen in Senfcremesauce
Für 4 Portionen
Zubereitungszeit: etwa 50 Minuten

150 g Sonnenblumenkerne
750 g Kartoffeln (möglichst kleine Exemplare)
40 g + 60 g Butter
½ + ½ Bund Schnittlauch
100 g + 40 g (Vollkorn-)Mehl
4 Eier
Salz
frisch gemahlener Pfeffer
½ l Gemüsebrühe
125 ml Sahne
1 – 2 EL Sherry Medium (nach Wunsch)
1 – 2 EL körniger Senf

Die Sonnenblumenkerne in einer Pfanne trocken – also ohne Fettzugabe – hellbraun rösten. Sobald die Kerne nussig riechen und hellbraun sind, die Pfanne von der Wärmequelle nehmen und die Kerne auf einen Teller schütten – sie werden sonst in der Restwärme der Pfanne zu dunkel. Die Kerne etwas abkühlen lassen, 70 g davon in einer Kaffeemühle mahlen oder im Mixer fein zerkleinern. Die Kartoffeln unter fließendem Wasser kräftig abbürsten, in heißem Wasser zum Kochen bringen und in ca. 20 Minuten weich kochen. Abschütten, kurz ausdämpfen lassen, aber so heiß wie möglich pellen und durch eine Kartoffelpresse drücken bzw. fein stampfen. Die gemahlenen Sonnenblumenkerne unter die Kartoffelmasse geben. 40 g Butter in kleine Stücke schneiden, unter die Kartoffeln rühren. Ein halbes Bund Schnittlauch mit einer Schere in Röllchen schneiden. 100 g Mehl und die Eier unter die abgekühlte Kartoffelmasse rühren, mit Salz und Pfeffer herzhaft abschmecken. Die restlichen Sonnenblumenkerne – bis auf einen Esslöffel für die Dekoration – mit den Schnittlauchröllchen unter den Teig rühren. In einem hohen Topf Salzwasser aufkochen lassen. Mit zwei nassen Esslöffeln etwa 16 kleine Klöße aus dem Kartoffelteig formen (am besten einen Becher mit Wasser, in den die Esslöffel immer wieder eingetaucht werden, bereitstellen). Die Klöße im siedenden – nicht kochenden – Wasser etwa 15 Minuten ziehen lassen. In der Zwischenzeit für die Sauce die restliche Butter (60 g) in einem Topf schmelzen, das restliche Mehl (40 g) darin unterrühren anschwitzen. Mit der Gemüsebrühe und der Sahne ablöschen, dabei gut rühren, damit sich keine Klümpchen bilden können (falls das doch geschieht, die Sauce mit dem Messereinsatz des Handrührers kurz pürieren). Den Sherry dazugeben und offen bei milder Hitze etwas einkochen lassen (5 – 8 Minuten). Den Senf unterrühren, den restlichen Schnittlauch (bis auf 2 TL für die Dekoration) in Röllchen schneiden und unterrühren. Die Kartoffelklöße im Schaumlöffel oder auf einem Sieb kurz abtropfen lassen. Die Sauce auf vier vorgewärmten Tellern verteilen, die Klößchen darauf hübsch anordnen, mit den restlichen Sonnenblumenkernen und den restlichen Schnittlauchröllchen dekoriert servieren.

Tipp: Dazu eine große Schüssel Feldsalat mit Würfelchen von hart gekochten Eiern ergänzen perfekt den Geschmack und die biologische Wertigkeit des hochwertigen Eiweißes der Kartoffelklöße!

Ein klassisches Rezept aus rohen Kartoffeln:

Vogtländer Kartoffelklöße

Zutaten für 8 – 10 Klöße
Zubereitungszeit: etwa 35 Minuten

1 ½ kg Kartoffeln
1 Ei
125 ml Milch
eventuell 1 – 2 EL Kartoffelstärke
Salz
frisch gemahlener Pfeffer
etwas Majoran
3 Scheiben Vollkorntoastbrot
2 – 3 Butter

Die Kartoffeln **am Vortag** schälen und fein reiben, in eine Schüssel geben und mit ¼ l Wasser übergießen. Mit einem Küchentuch abdecken, über Nacht stehen lassen. Dann die Kartoffelmasse in das Tuch geben und über einer Schüssel fest ausdrücken. Das dabei austretende Wasser einige Zeit stehen lassen, die Kartoffelstärke setzt sich ab. Nun das Wasser vorsichtig abgießen, die zurückgebliebene Stärke zu den geriebenen Kartoffeln geben. Das Ei und die Milch unter den Kartoffelteig mischen, gut verkneten (wenn die Masse zu flüssig ist, noch etwas Kartoffelstärke aus der Packung dazugeben), mit Salz und Pfeffer abschmecken, Majoran unterkneten. Das Toastbrot in kleine Würfel schneiden, die Butter erwärmen und die Brotwürfel darin knusprig rösten. 10 Klöße formen, dabei einige Brotwürfel in die Mitte geben. (Den Probekloß nicht vergessen!) In einem großen Topf Salzwasser aufkochen. Die Klöße hineingeben und im nun nur noch siedenden Wasser ziehen lassen, bis sie an die Oberfläche steigen. Mit einem Schaumlöffel herausnehmen und abtropfen lassen.

Tipp: Zugegeben, viel Nährstoffe sind nicht mehr in den Klößen, nachdem die geriebenen Kartoffeln über Nacht ausgelaugt wurden. Aber die Klöße schmecken sehr gut! Und Sie können den Nährstoffverlust wieder wettmachen mit den entsprechenden Beilagen! Bedenken Sie, dass Klöße immer viel Sauce benötigen. Je nach Gemüse passt eine Senfcreme- oder Meerrettichsauce genauso gut wie eine sahnige Käsesauce.

Aufläufe

Kartoffeln sind wie dafür geschaffen, mit knackigem Gemüse gemischt und mit einer goldgelben Kruste überbacken zu werden. Aufläufe und Gratins sind gerade in der vegetarischen Küche ein Renner. Preiswert und gut vorzubereiten sind sie außerdem. Sind die Kartoffeln erst einmal gekocht – oder Pellkartoffeln vom Vortag übrig geblieben – bedarf es nur noch weniger Zutaten und ein paar aromatischer Kräuter und Gewürze und ganz schnell steht ein neues Lieblingsgericht Ihrer Lieben auf dem Tisch. Und sollte sich noch der eine oder andere Gast kurzfristig dazu gesellen, ist auch dies kein Problem: dann wird einfach noch ein wenig mehr Gemüse eingeschichtet.

»Kohlrübe, Wrucke, Unterrübe«, so und noch anders wird die Steckrübe in meinem alten Kochbuch bezeichnet. Und weiter heißt es *»... alle Rüben mit gelbem Fleisch sind zarter, wohlschmeckender als die mit weißem, gröberen Fleisch, doch sind sie freilich allesamt nur passend als Speise für Leute, die einen guten Magen besitzen und sich viel Bewegung machen ...«* Nun, an Letzterem hapert es ja bei uns heute sehr. Abhilfe schaffen da unter anderem viele verdauungsfördernde Gewürze wie z. B. frischer Ingwer, der auch schon 1860 eingesetzt wurde!

Das nachfolgende Rezept habe ich nur wenig verändert – und es schmeckte meinen als Testesser geladenen Freunden so hervorragend, dass ich ihnen das Rezept verraten musste!

Steckrüben-Kartoffel-Auflauf

Für 4 – 5 Portionen
Zubereitungszeit: etwa 35 Minuten

500 g Kartoffeln
1 kg Steckrüben
Salz
100 g + 50 g Semmelbrösel
150 g Sahne
2 große Gemüsezwiebeln
1 EL + 3 EL Butter
1 daumenlanges Stück Ingwerwurzel
3 Eier
frisch gemahlener schwarzer Pfeffer
½ TL Piment, gemahlen
½ TL Zimtpulver
1 MSP Nelkenpulver
frisch gemahlene Muskatnuss oder 1 MSP Muskatblüte (Macis)
1 EL Agavensirup (Naturkostladen/Reformhaus) oder
   2 EL Akazienhonig
1 – 2 EL Apfeldicksaft

Die Kartoffeln abwaschen, dünn abschälen, in kleine Würfel schneiden. In ganz wenig kochendes Wasser geben und in knapp 10 Minuten weich kochen. Die Steckrüben gründlich ausschneiden und schälen. In Scheiben schneiden, dann in Streifen und schließlich in kleine Würfel. Die Steckrübenwürfel in wenig Salzwasser in etwa 20 Minuten weich kochen. Abgießen und gut abtropfen lassen; die Hälfte der Würfel pürieren. Die Kartoffeln abgießen und mit den Rübenwürfeln mischen. Den Backofen auf 200 °C vorheizen.

100 g Semmelbrösel mit der Sahne verrühren. Die Zwiebeln pellen, halbieren, einschneiden und in Würfel schneiden. Einen EL Butter in einer Pfanne schmelzen, die Zwiebelwürfel darin glasig dünsten. Die Ingwerwurzel schälen, fein reiben, zu dem Gemüse geben. Die gedünsteten Zwiebeln hinzufügen, die Eier und die Semmelbrösel-Sahne-Mischung unterrühren, das Steckrübenpüree zufügen und mit den Gewürzen abschmecken. Den Agavensirup bzw. den Honig unterrühren, mit Apfeldicksaft nochmals abschmecken.

Eine große Auflaufform mit etwas Butter einfetten. Die Kartoffel-Rüben-Mischung einfüllen, glatt streichen, mit den restlichen Semmelbröseln bestreuen, die restliche Butter in kleinen Stückchen darauf verteilen. Die Form auf die mittlere Schiene des vorgeheizten Backofens stellen, den Auflauf in etwa 40 Minuten backen, bis die Kruste hellbraun ist (eventuell kurz vor Ende der Garzeit mit Alufolie abdecken, damit die Bröselmischung nicht verbrennt).

Tipp: Unsere Altvorderen haben hierzu eine Kanne Ingwerbier gereicht! Ich bevorzuge ein kräftiges dunkles Hefeweizen, das hervorragend zum würzigen Auflauf schmeckt. Servieren Sie dazu – je nach Jahreszeit – einen Feldsalat, z. B. mit Möhrenstreifen garniert oder einen saftigen Endiviensalat, vielleicht mit ein paar Orangenfilets gekrönt oder mit einigen knallroten Granatapfelkernen bestreut.

Kalorienarm und sehr aromatisch!

Blumenkohl-Broccoli-Kartoffel-Gratin
Für 4 Portionen
Zubereitungszeit: etwa 40 Minuten

400 g Kartoffeln
200 g Blumenkohl
200 g Broccoli
ca. 1 EL Butter zum Ausstreichen der Form
Salz
frisch gemahlener Pfeffer
½ l Milch
1 MSP Muskatblüte (Macis)
½ MSP Chilipulver (vorsichtig dosieren!)
½ Kurkuma
1 TL frischer Thymian
Schale einer halben Limette
50 g geriebener Pecorino (ersatzweise frischer(!) Parmesan)
½ Bund glatte Petersilie

Kartoffeln kräftig abbürsten (wenn aus Bioanbau, mit Schale verwenden). Blumenkohl in kleine Röschen zerteilen und waschen. Den Strunk, wenn aus Bioanbau, schälen, in dünne Scheiben schneiden, zum Gemüse geben. Broccoli in Röschen zerteilen, waschen. Auch hier den Strunk nutzen, aber gut schälen, die Faseranteile werden nicht weich. Die Kartoffeln in dünne Scheiben schneiden oder hobeln. Die drei Gemüse in abwechselnder Reihenfolge in die gefettete Form legen, Salz darüber streuen, mit Pfeffer bestäuben. Die Milch erwärmen, Muskatblüte, Chilipulver, und Kurkuma unterrühren und kurz mit erwärmen. Von der Herdplatte ziehen. Die Thymianblättchen hacken und mit der Limettenschale zur Milch geben, einmal kräftig umrühren und gleichmäßig über das Gemüse gießen. Das Gratin im vorgeheizten Ofen bei mittlerer Hitze ca. 40 Minuten backen. Nach der Hälfte der

Zeit mit dem geriebenen Käse bestreuen, eventuell noch etwas Milch nachgießen. Die Hitze nicht zu hoch wählen, da sonst die Gemüse zu dunkel werden. Hilfsweise in den letzten Minuten mit einer Alufolie abdecken.
Die Petersilienblättchen von den Stielen zupfen, fein hacken, kleinere Blättchen ganz lassen. Das fertige Gratin mit der Petersilie bestreut servieren.

Tipp: Hierzu passt auch gut einmal ein Raita! Das kommt aus der indischen Küche und ist eine kalte Joghurtsauce mit klein gehacktem Gemüse. Das Raita bietet in Indien traditionell den kühlen Gegenpol zu den scharf gewürzten Speisen. Versuchen Sie hierzu folgendes Rezept:

250 g Joghurt, ½ Tasse fein geraspelte Gurke, Möhre, Rettich oder Ähnliches, 1 EL Schalotten, fein geschnitten, ½ – 1 EL frisch geriebene Ingwerwurzel, 1 MSP Kurkumapulver, 1 MSP schwarzer gemahlener Pfeffer, ½ TL Zimtpulver (nach Wunsch).

Die gesamten Zutaten in einer Schüssel gut verrühren und mindestens 1 Stunde ziehen lassen. Solche Raitas sind gut vorzubereiten und passen auch prima als Dipp zu Pellkartoffeln, also einfach von einem Lieblingsraita die doppelte Menge zubereiten und für zwei Mahlzeiten benutzen!
Natürlich passt auch eine hiesige Beilage gut, z. B. ein farbenfroher Tomatensalat (was auf dem Tisch dann die italienischen Nationalfarben ergibt!) mit dem Rest der Petersilie gemischt. Auch ein Salat aus verschiedenen grünen Salatsorten wie Romana, Eissalat oder Chicorée schmeckt gut zu diesem würzigen Gratin.

Goldgelb und gut vorzubereiten:

Gratin mit Safran

Für 4 Portionen
Zubereitungszeit: etwa 35 Minuten

1 kg Kartoffeln
Salz
frisch gemahlener schwarzer Pfeffer
½ l Milch
1 gestrichener TL Safran
2 Pimentkörner
1 Zweig Thymian (ersatzweise ¼ TL getrocknet)
1 Zweig Majoran (ersatzweise ¼ TL getrocknet)
frisch gemahlene Muskatnuss
100 g geriebener Käse (Gruyère, mittelalter Gouda etc.)

Die Kartoffeln unter Wasser kräftig abbürsten, in dünne Scheiben schneiden und in eine ausreichend große, feuerfeste Form schichten, die einzelnen Schichten leicht salzen und mit Pfeffer bestreuen. Den Ofen auf etwa 170 °C vorheizen. Die Milch mit dem Safran in einem Topf aufkochen und ziehen lassen. Die Pimentkörner in einem Mörser fein zerstoßen. Die Blättchen von Thymian und Majoran abzupfen und fein hacken. Mit Pimentpulver und etwa einer MSP Muskatnuss in die Milch geben und gut vermischen. Nun die Milch über die Kartoffeln gießen und mit dem geriebenen Käse bestreuen. Die Form mit einer Alufolie abdecken und die Kartoffeln im vorgeheizten Ofen 20 Minuten backen. Die Folie abnehmen und nochmals etwa 15 Minuten backen, bis der Käse hellbraun und die Kartoffeln weich sind.

Tipp: Zu diesem goldgelben Gratin schmecken viele Gemüse oder Salate! Mein Vorschlag wäre ein Fenchelgemüse mit geschmorten Tomaten, Mangold oder Spinat oder einfach »nur« ein knackig frischer grüner Salat mit vielen frischen Kräutern oder ein Tomatensalat. Auch ein Lauchgemüse mit etwas Schafskäse (Feta) passt ganz hervorragend zu den milden Kartoffeln. Den Käse können Sie getrost weglassen, wenn Sie gerade am Kaloriensparen sind, das Gratin schmeckt auch ohne Käse sehr gut.

Tipp: Piment erhalten Sie auch als Pulver, was jedoch nicht empfehlenswert ist. Die ganzen Körner halten ihr Aroma über Jahre, was vom Pulver nicht behauptet werden kann. Zudem ist der Kauf von Körnern wesentlich preiswerter. Warum Sie die Körner im Naturkostladen oder Reformhaus kaufen sollen? Weil sie dort garantiert unbestrahlt sind und auch nicht mit Pestiziden oder Herbiziden behandelt wurden. Die Körner können auch in einer Getreidemühle mit Stahlmahlwerk, in einer Körnerquetsche oder in einer Kaffeemühle gemahlen werden.
Wussten Sie, dass Thymian winterfest und somit auch in der dunkleren Jahreszeit vom Balkonkasten bzw. Garten geerntet werden kann? Majoran, eines meiner Lieblingsgewürze, ist da schon viel empfindlicher. Er ist jedoch getrocknet immer noch so aromatisch, dass er seinen unvergleichlichen Duft entfalten kann.

Dieser Auflauf war ein Renner in meinem Restaurant, ich durfte ihn die ganzen Jahre nie von der Karte nehmen:

Kartoffel-Lauch-Auflauf mit Gorgonzola-Sesam-Kruste

Für 4 Portionen
Zubereitungszeit: etwa 45 Minuten

1 kg Kartoffeln
1 kg Lauch
Salz
Curry
etwas Butter für die Form
frisch gemahlener schwarzer Pfeffer
50 ml Gemüsebrühe
   (Konzentrat aus dem Glas oder aus Würfeln)
3 EL Gomasio
200 g Gorgonzola
250 g Crème fraîche

Die Kartoffeln gründlich waschen und abbürsten (Kartoffeln aus Bioanbau wenn möglich mit Schale verwenden). In einem Topf mit kochendem Wasser in etwa 25 Minuten weich kochen, abschütten und mit kaltem Wasser abschrecken. Die Lauchstangen längs aufschneiden, den Wurzelansatz abschneiden und die ledrigen Blätter entfernen. Die Stangen waschen, trockenschütteln und in feine Ringe schneiden. In einer Schüssel mit etwas Salz und dem Curry vermischen. Die Kartoffeln pellen und in Scheiben schneiden. Die Hälfte der Kartoffelscheiben in eine mit etwas Butter ausgestrichenen Auflaufform schichten, leicht salzen, pfeffern, darauf die gewürzten Lauchringe. Mit dem Rest der Kartoffeln bedecken, dachziegelartig geschichtet. Die Gemüsebrühe angießen. Die Kartoffeln mit etwas Pfeffer bestreuen. Gomasio gleichmäßig auf die Kartoffeln verteilen.

Den Gorgonzola in grobe Stücke schneiden, eventuell harte Ränder abschneiden, mit der Crème fraîche pürieren, esslöffelweise auf die Kartoffeln streichen (zerläuft beim Backen).
Den Auflauf auf die mittlere Schiene des vorgeheizten Backofens stellen (mit einer Schale kochendem Wasser auf dem Backofenboden, damit bleibt der Auflauf schön saftig), 25 – 30 Minuten backen, bis der Käse gut zerlaufen und leicht gebräunt ist.

Tipp: Gomasio können Sie im Reformhaus/Naturkostladen im Glas kaufen. Sie können ihn jedoch auch ganz leicht selbst herstellen: Im Verhältnis 1 Teil Salz zu 5 Teilen Sesam. Nehmen Sie am besten den ungeschälten Sesam. Dieser wird mit dem Salz in einer Pfanne geröstet, bis er angenehm nussig riecht, dabei immer wieder leicht umrühren. Abkühlen lassen (Achtung, in der heißen Pfanne röstet der Sesam nach!) und im Mixer mit Messereinsatz (oder in einem Mörser) gut zerkleinern. In einem Schraubdeckelglas bewahrt es viele Wochen seine Würzkraft! Gomasio findet seinen Einsatz bei allen Gemüsegerichten oder auch in Salatsaucen.

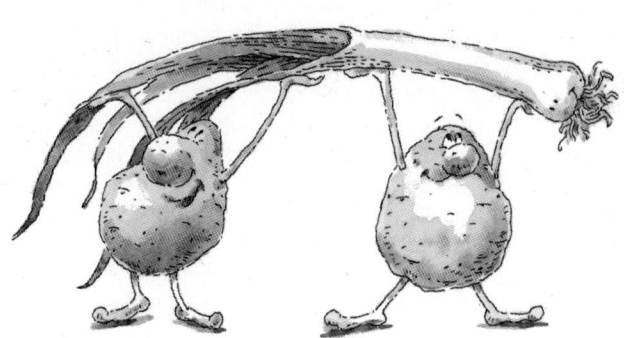

Dieser würzige, köstliche Auflauf ist für alle Nicht-Vegetarier ein guter Einstieg in die vegetarische Gourmet-Küche!

Lauch-Kartoffel-Gemüse aus dem Ofen
Für 1 Portion
Zubereitungszeit: etwa 35 Minuten

2 mittelgroße Kartoffeln
1 Stange Lauch
1 Knoblauchzehe
je ½ TL frische gehackte Kräuter wie Majoran, Bohnenkraut,
  Thymian (alternativ je ¼ der Kräuter getrocknet)
1 Prise gemahlener Anis
Salz
frisch gemahlener schwarzer Pfeffer
frisch gemahlene Muskatnuss
150 ml Gemüsebrühe
Saft von ½ kleinen Limette

Den Backofen auf 200 – 220 °C vorheizen. Die Kartoffeln unter fließendem Wasser abbürsten und in feine Scheiben schneiden (das geht am besten entweder mit einem großen scharfen Messer oder mit einem Gurkenhobel). Die Lauchstange putzen, längs einschneiden und waschen. Dann in feine Ringe schneiden. Knoblauch schälen, fein hacken bzw. schneiden oder durch eine Knoblauchpresse drücken. Mit den Kräutern und dem Anis zum Lauch geben und gut untermischen. Mit Salz und Pfeffer würzen. Den Boden einer entsprechend großen ofenfesten Form mit einer Schicht Kartoffelscheiben auslegen, leicht salzen und mit Pfeffer und etwas Muskat bestreuen. Die gewürzte Lauchmischung darauf geben, mit einer Schicht Kartoffeln abschließen, diese wie vor würzen. Die Gemüsebrühe mit dem Limettensaft vermischen und seitlich angießen (damit die Gewürze nicht von den Kartoffeln »abgewaschen« werden) und die Form mit einer Alufolie abgedeckt für 15 Minuten in den vorgeheizten Ofen stellen. Nach dieser Zeit die Folie abnehmen und das Gemüse nochmals etwa 10 – 15 Minuten backen, bis die Kartoffelscheiben leicht gebräunt sind.

Tipp: Je feiner die Kartoffel- und Lauchscheiben sind, je kürzer ist die Garzeit. Indem man mit einem spitzen Messer in die Kartoffelscheiben piekst, kann man prüfen, ob diese schon weich sind. Bei dieser Art des Garens kommen die Aromen von Lauch und Kartoffeln gut zur Geltung. Deshalb ist es wichtig, dass nur einwandfreie, frische und möglichst aus biologischem Anbau stammende Gemüse zu Verwendung kommen.

Wenn Sie nicht auf Ihre schlanke Linie achten müssen oder wollen, können Sie auf die Kartoffelscheiben ein wenig Käse streuen und einen Esslöffel Crème fraîche darauf verteilen.

Auberginen-Kartoffel-Moussaka

Für 6 Portionen
Zubereitungszeit: etwa 70 Minuten

1,5 kg Kartoffeln
2 – 3 nicht zu dicke Auberginen
Salz
2 Bund Frühlingszwiebeln
1 kg Tomaten
2 – 4 Knoblauchzehen (je nach Vorliebe)
½ Bund glatte Petersilie
einige Rosmarinnadeln
2 – 3 Zweige Majoran
2 – 3 Zweige Zitronenthymian
1 – 2 Zweige Oregano
2 EL + 1 EL Olivenöl
2 EL Tomatenmark
frisch gemahlener schwarzer Pfeffer
ein Hauch Cayennepfeffer
30 g Dinkelmehl
40 g Grünkernmehl
600 – 800 ml Milch
120 ml Sahne
frisch geriebene Muskatnuss (besser gemahlener Macis)
180 – 200 g frisch geriebener Käse (Gouda, Emmentaler)
1 Bund Basilikum

Kartoffeln gründlich waschen und abbürsten. Auberginen waschen, Stielansatz abschneiden. Längs in etwa 1 cm dicke Scheiben schneiden, von beiden Seiten leicht salzen. Frühlingszwiebeln putzen, in dünne Ringe schneiden. Tomaten kreuzweise einritzen, mit heißem Wasser übergießen und die Haut abziehen, die Tomaten würfeln, dabei den Stielansatz herausschneiden. Knoblauch durch eine Knoblauchpresse drücken und zu den Tomatenwürfeln geben. Die Kräuter waschen, gut trockenschütteln, die Blättchen von den Stielen zupfen und fein hacken. Zwei EL Olivenöl in einer großen Pfanne erhitzen, die Auberginenscheiben trockentupfen, bei mittlerer Hitze auf beiden Seiten hellbraun braten (eventuell noch etwas Öl zufügen). Die Auberginenscheiben aus der Pfanne nehmen und auf einem mit Küchenkrepp ausgelegten Teller legen. Die Tomaten-Knoblauch-Mischung und das Tomatenmark in das verbliebene Fett geben, einen EL Olivenöl zufügen und die Mischung bei starker Hitze unter ständigem Rühren einkochen lassen, bis die Flüssigkeit verdampft ist. Die Pfanne vom Herd ziehen, die gehackten Kräuter zu den Tomaten geben, die Mischung mit Salz und Pfeffer würzig abschmecken, mit (wenig!) Cayennepfeffer bestreuen.

Die Dinkel-Grünkern-Mehlmischung unter ständigem Rühren ohne Fett anrösten, bis das Mehl wie geröstete Nüsse riecht. Die Hitze herunter schalten. Nach und nach die Milch unterrühren (Vorsicht, bei den ersten Malen kann das spritzen!). Die Mehlsauce bei schwacher Hitze etwa 10 Minuten quellen lassen, dabei immer wieder durchrühren. Wenn sie zu dick geworden ist, eventuell noch etwas Milch zufügen. Den Topf vom Herd ziehen, die Sahne unterrühren, Muskatnuss darüber reiben, den Käse unterrühren und die Sauce mit Salz und Pfeffer abschmecken.

Die Kartoffeln mit einem Gurkenhobel in dünne Scheiben schneiden. Eine große feuerfeste Auflaufform mit etwas Butter leicht ausfetten. Den Boden der Form mit Kartoffelscheiben dachziegelartig auslegen, etwas Käsesauce darauf verteilen. Darauf Auberginenscheiben legen, mit Tomatensauce beträufeln. Darauf die Frühlingszwiebelringe verteilen, mit einer Kartoffelschicht abschließen. So fortfahren, bis die Zutaten aufgebraucht sind. Mit einer Kartoffelschicht, auf der die restliche Sauce verteilt wird, abschließen. Die Form auf die unterste Schiene im Backofen stellen. Bei 200 °C in ca. 50 – 60 Minuten backen, bis das Gemüse bissfest, die Kartoffeln weich sind und die Oberfläche schön gebräunt ist. Basilikumblättchen von den Stielen zupfen, fein schneiden, auf der Moussaka verteilen.

Hier folgt eines meiner Lieblingsrezepte, einfach, schnell, preiswert und köstlich:

Sauerkraut-Kartoffel-Auflauf

Für 4 Portionen
Zubereitungszeit: etwa 30 Minuten

1 kg Kartoffeln
3 große Gemüsezwiebeln
3 EL + 2 EL Butter
200 g Sahne
130 ml Milch
Salz
frisch geriebene Muskatnuss
frisch gemahlener schwarzer Pfeffer
1 Zweig frischer Majoran (oder ½ TL getrockneter Majoran)
400 g Sauerkraut
2 EL Gomasio

Die Kartoffeln unter fließendem Wasser abbürsten, in heißem Wasser zum Kochen bringen, in knapp 25 Minuten weich kochen. Die Zwiebeln schälen, halbieren oder vierteln, und in Scheiben schneiden. 3 EL Butter in einer Pfanne erhitzen und die Zwiebelscheiben darin goldbraun braten.
Die Kartoffeln abschütten, pellen und so heiß wie möglich durch eine Kartoffelpresse drücken bzw. fein stampfen. Die Sahne und die Milch dazugeben, Salz, Muskatnuss und Pfeffer unterrühren. Die Majoranblättchen von dem Zweig zupfen, fein hacken und zu den Kartoffeln geben. Falls das Püree zu fest sein sollte, noch etwas Milch zugeben. Das Sauerkraut in eine Schüssel geben, auseinander zupfen, eventuell mit einer Schere etwas zerkleinern. Den Backofen auf 220 °C vorheizen. Eine ofenfeste Form mit einem hohen Rand mit etwas Butter ausfetten. Mit der Hälfte des Kartoffelbreis den Boden auskleiden, das Sauerkraut darauf verteilen, mit zwei Drittel der Zwiebeln belegen. Mit der zweiten Hälfte

des Kartoffelbreis abschließen. Das Gomasio gleichmäßig darüber streuen, die 2 EL Butter in kleine Stückchen schneiden und auf dem Auflauf verteilen. Die Form in die mittlere Schiene des Backofens stellen. Nach ca. 25 Minuten die restlichen Zwiebeln auf dem Auflauf verteilen und weitere 10 Minuten überbacken, bis die Oberfläche hellbraun ist.

Tipp: Kartoffeln harmonieren gut mit Äpfeln – Sauerkraut auch! Was liegt also näher, als hier einen flotten Dreier zu kreieren ... Schneiden Sie einen säuerlich-aromatischen Apfel in dünne Scheiben und legen Sie diese auf die Sauerkrautschicht. Als Getränk passt hierzu ein trockener Cidre ganz wunderbar, was nicht wundert, besteht er doch auch aus Äpfeln!

Wenn Sie Macis (Muskatblüte) im Haus haben, dann nehmen Sie diese statt der geriebenen Muskatnuss; es handelt sich hier um einen Samenmantel, der die Muskatnuss einhüllt. Blüte und Nuss sind sich im Geschmack zwar ähnlich, die Muskatblüte ist jedoch feiner und eher süßlich. Übrigens gilt bei gemahlener Muskatblüte das, was bei anderen Gewürzen meist nicht zutrifft: Auch im gemahlenen Zustand behält sie unglaublich lange ihre gesamte Würzkraft.

Saftiges Tomaten-Kartoffel-Gratin

Für 4 Portionen
Zubereitungszeit: etwa 60 Minuten

1 kg Kartoffeln
700 g vollreife Tomaten
1 große Gemüsezwiebel
1 Zweig Rosmarin
1 Bund glatte Petersilie
1 – 3 Knoblauchzehen (nach Belieben)
200 g Schafskäse (Feta)
100 g Parmesankäse am Stück
3 Eigelb
3 Eiweiß
150 g Crème fraîche
½ TL Piment, gemahlen
1 Prise Nelkenpulver
Salz
frisch gemahlener schwarzer Pfeffer
½ Bund Basilikum
½ Bund Zitronenthymian

Die Kartoffeln kräftig abbürsten (Kartoffeln aus Bioanbau wenn möglich mit Schale verwenden), eventuell unschöne Stellen oder Keimansätze herausschneiden und klein würfeln, in eine große Schüssel geben. Die Tomaten in ein Sieb legen, für eine knappe Minute in einen Topf mit kochendem Wasser halten, dann mit kaltem Wasser abschrecken. Die Tomaten etwas abkühlen lassen und dann pellen, den Stielansatz herausschneiden und in Würfel schneiden. Die Zwiebel pellen, halbieren und in dünne Scheiben schneiden. Rosmarin und Petersilie waschen, trockenschütteln und fein hacken, mit den Zwiebeln zu den Tomatenwürfeln geben. Den Knoblauch pellen und fein hacken oder durch eine Knoblauchpresse drücken und zu den Tomatenwürfeln geben. Den Schafskäse in Würfel schneiden, zu den Kartoffelwürfeln geben. Die Toma-

tenmischung ebenfalls zu den Kartoffeln geben und vorsichtig untermischen.
Den Parmesankäse fein reiben oder in dünne Scheibchen hobeln. Das Eigelb mit dem Käse und der Crème fraîche verrühren. Die Creme mit den Gewürzen kräftig abschmecken und unter die Kartoffel-Tomaten-Mischung rühren. Das Eiweiß mit einer Prise Salz zu steifem Schnee schlagen, mit einem Gummispatel unter das Gemüse heben. Eine große, feuerfeste Form am Rand dünn mit etwas Butter einfetten, die Gemüsemischung einfüllen, glatt streichen. Die Form auf die mittlere Schiene stellen, den Ofen auf 200 °C stellen und den Auflauf etwa 50 Minuten backen, bis die Kartoffeln weich sind – eventuell gegen Ende der Backzeit mit Alufolie abdecken, damit der Auflauf nicht zu dunkel wird.
Basilikum- und Thymianblättchen fein hacken, über das abgekühlte Gratin streuen.

Tipp: Sie sollten für dieses Rezept wirklich nur vollreife Tomaten verwenden, davon hängt das leckere, fruchtige Aroma des Auflaufs entscheidend ab. Sie können auch auf Tomatenwürfel aus dem Glas oder aus dem Tetra-Pak ausweichen. Hier ist der eine Vorteil, dass Sie sich die Arbeit des Überbrühens und Abpellens der Tomatenhaut ersparen, zum anderen werden die Tomaten erst geerntet, wenn sie richtig reif sind und sogleich verarbeitet; daher verfügen sie über ein kräftiges Tomatenaroma auf ganz natürlichem Weg!

Aus dem Ofen

Schier unerschöpflich ist dieses Thema: Kartoffeln aus dem Ofen. Die Rezepte, die ich ausprobiert und die nicht nur ich für gut befunden habe, würden mindestens drei Bücher füllen. Hier ist also nur ein kleiner, aber repräsentativer Ausschnitt der Kartoffelgerichte aus dem Ofen.

Herzhaft gefüllte Kartoffeln, mit Käse knusprig überbacken, sind ebenso zu finden wie eine super leckere Kartoffelpizza oder das aromatische und schnell zubereitete Gratin mit Zucchini und Kartoffeln. Der Vorteile dieser Ofengerichte: Sie eignen sich gut für die Gästebewirtung: alles so weit vorbereiten, dass das betreffende Gericht nur noch in den Ofen geschoben werden muss. Es klingelt, die Gäste kommen, der Ofen wird eingeschaltet. Bis der Willkommensschluck getrunken, die Wohnung angeschaut und die erste Konversation gemacht wird, ist das Essen fertig, ohne dass Sie noch in der Küche stehen müssen, wenn die Gäste schon da sind.

Käse-Kartoffel-Ring mit Gemüsefüllung
Für 4 Portionen
Zubereitungszeit: etwa 50 Minuten

750 g Kartoffeln
etwa ½ l Milch
1 EL + 1 EL Butter
Salz
¼ TL Majoran, getrocknet (4 – 5 Blättchen frisch)
1 TL getrocknete Tomaten in Öl
frisch gemahlener Pfeffer
frisch geriebene Muskatnuss
2 Eier
80 g geriebenen Käse (Gouda, Emmentaler)
1 – 2 Knoblauchzehen
1 Bund glatte Petersilie
Sesam oder grob gemahlene Sonnenblumenkerne

Die Kartoffeln gut waschen, in heißem Wasser zum Kochen bringen und weich kochen. Auf ein Sieb schütten, kurz mit kaltem Wasser abschrecken und so heiß wie möglich pellen. Sogleich durch eine Kartoffelpresse drücken bzw. mit einem Kartoffelstampfer fein zerdrücken. Die Milch mit einem Esslöffel Butter und dem Salz erwärmen. Das Kartoffelpüree in die gut warme Milch geben, mit den Gewürzen, den Eiern und dem Käse verrühren. Die Knoblauchzehe(n) pellen und durch eine Knoblauchpresse drücken bzw. sehr fein schneiden oder hacken. Die Blättchen der glatten Petersilie von den Stielen zupfen, fein hacken und mit dem Knoblauch unter das Püree rühren (einen TL Petersilie für die Dekoration aufbewahren). Eine Ringform mit einem TL weicher Butter gründlich ausfetten, mit dem Sesam oder den gemahlenen Sonnenblumenkernen ausstreuen. Das Püree in den Ring drücken, auf der Oberfläche mit einem feuchten Löffelrücken glatt streichen. Die Form in den kalten Ofen auf die mittlere Schiene stellen. Das Püree bei 220 °C in etwa 35 Minuten backen. Die Form aus dem

Ofen nehmen und abgedeckt mit einem feuchten Tuch ein paar Minuten stehen lassen. Dann den Rand mit einem Messer lösen, den Kartoffelring auf einen großen vorgewärmten Teller oder auf eine Platte stürzen.
Das Wunschgemüse in die Mitte des Rings füllen, mit den restlichen Petersilienblättchen bestreuen und servieren.

Tipp: Ein saftiges Gemüse passt am besten zu diesem exklusiven Kartoffelgericht. Farblich sieht ein Rotkohlgemüse gut aus und ist auch sehr lecker.
Ebenfalls sehr gut passt sowohl von der Farbe als auch vom Geschmack ein Lauch- oder Zwiebelgemüse. Auch Spinat, angereichert mit ein paar Tomatenachteln sieht toll aus und schmeckt lecker dazu – Sie sehen, Ihrer Fantasie sind keine Grenzen gesetzt. Und wenn wider Erwarten von dem Kartoffelring etwas übrig bleibt, gehen Sie so vor: ganz wenig Fett in einer Pfanne erwärmen, den Restring in Scheiben schneiden, von jeder Seite leicht bräunen ... ein Genuss!

Herzhaft gefüllte Kartoffeln

Für 1 Portion
Zubereitungszeit: etwa 40 Minuten

2 – 3 mittelgroße Kartoffeln
Salz
1 EL Sonnenblumenkerne
1 kleine Stange Lauch
1 kleine Möhre
frisch gemahlener schwarzer Pfeffer
1 Zweig Majoran
1 Prise gemahlener Koriander
1 Prise gemahlenes Piment
½ TL Currypulver (mittelscharf)
1 EL Crème fraîche
1 große Scheibe Gouda, mittelalt
3 – 5 EL Gemüsebrühe

Die Kartoffeln unter fließendem Wasser abbürsten, in Salzwasser weich kochen. Abschütten und kurz unter kaltem Wasser abschrecken, abkühlen lassen. In der Zwischenzeit die Sonnenblumenkerne in einer trockenen Pfanne bei mäßiger Hitze rösten, bis sie einen angenehmen Geruch entwickeln und ganz leicht gebräunt sind; zum Auskühlen auf einen Teller schütten. Den Lauch aufschneiden und waschen, anschließend in feine Ringe schneiden. Die Möhre unter fließendem Wasser abbürsten, längs in dünne Scheiben schneiden, diese ein- bis zweimal halbieren, dann die Möhre in kleine Würfelchen schneiden. Den Backofen auf 180 °C vorheizen. Von den ausgekühlten Kartoffeln einen Deckel abschneiden; die Kartoffel mit einem Teelöffel (besser geht das mit einem Kugelausstecher) so weit wie möglich aushöhlen. Das Kartoffelinnere und den Deckel fein zerdrücken – mit einer Gabel oder einem Kartoffelstampfer – und mit Salz und Pfeffer kräftig abschmecken. Vom Majoran die Blättchen abzupfen und fein hacken. Mit dem Koriander-, Piment- und Currypulver sowie der Crème fraîche ver-

mischen. Die Lauchringe, die Möhrenwürfel und die Sonnenblumenkerne unterrühren, die Masse kräftig abschmecken und in die Kartoffeln füllen.
Den Käse in Streifen schneiden und auf die gefüllten Kartoffeln legen. Diese in eine ofenfeste Form geben, die Gemüsebrühe angießen und die Form in den Ofen (mittlere Schiene) stellen. Die Kartoffeln etwa 30 Minuten überbacken.

Dazu passt ein frischer bunter Salat und ein knuspriges (Knoblauch-)Baguette oder ein Ciabattabrot.

Tipp: Die gefüllten Kartoffeln sind ideal für Gemüse-Resteverwertung. Versuchen Sie einmal Paprika- und Zucchiniwürfel oder, im Winter, klein geschnittenen Rosenkohl und ein paar Esslöffel goldgelbe Maiskörner aus dem Glas. Auch mit dem Käse können Sie variieren: ein milder Butterkäse oder ein würziger Raclettekäse – je nach Gemüse- und Käsewahl verändert sich der Geschmack dieser leckeren Mahlzeit immer wieder.

Ganz einfach herzustellen und so raffiniert im Geschmack ist dieses:

Gemüse auf Kartoffelpüree überbacken
Für 4 Portionen
Zubereitungszeit: etwa 60 Minuten

1 kg Kartoffeln
2 rote Paprikaschoten
2 gelbe Paprikaschoten
2 schlanke feste Auberginen
Salz
6 – 8 EL Olivenöl
frisch gemahlener schwarzer Pfeffer
3 Scheiben Vollkorntoast
1 Bund glatte Petersilie
½ Bund Oregano
2 – 4 Knoblauchzehen
2 EL + 2 EL Butter
3 kleine Zwiebeln
3 EL Püree von grünen Oliven
150 g Crème fraîche
1 MSP Pimentpulver
½ TL Zimt

Kartoffeln unter fließendem Wasser kräftig abbürsten, in der Schale in kochendem Wasser in ca. 25 Minuten weich kochen. Die Kartoffeln abschütten, pellen und gleich durch eine Kartoffelpresse drücken oder mit einem Kartoffelstampfer zu Püree verarbeiten.
Die Paprikaschoten waschen, putzen und vierteln. Die Viertel mit der Hautseite nach oben auf ein Backblech legen. Den Grill einschalten und die Schoten etwa 8 Minuten rösten, bis die Haut schwarz wird. Diese Haut abziehen, die Paprikaschoten in dünne Streifen schneiden. (Wenn sich die Haut nicht gut ablöst, hilft es,

für ein paar Minuten ein kaltes feuchtes Tuch auf die Paprikaschoten zu legen.) Die Auberginen waschen, den Stielansatz abschneiden (Vorsicht, kann pieksen!). Längs in 1 cm dicke Scheiben schneiden, auf beiden Seiten leicht salzen und ein paar Minuten liegen lassen. Das Olivenöl in einer breiten Pfanne erwärmen; die Auberginen mit einem Küchentuch trockentupfen, mit Pfeffer bestreuen, in dem heißen Öl auf beiden Seiten goldbraun braten.
Das Toastbrot in Würfel schneiden. Die Petersilie und Oregano waschen, trockenschütteln und die Blätter von den Stielen zupfen. Die Knoblauchzehen pellen, mit den Toastwürfeln und den Kräutern in einen Mixer geben und fein zerkleinern. 2 EL Butter zerlassen, die Zwiebeln pellen, fein schneiden, in der Butter andünsten. Kartoffelpüree, Olivenpüree und die Crème fraîche zugeben. Gut vermischen, mit Salz, Piment, Zimt und Pfeffer abschmecken. Den Backofen auf 200 °C vorheizen.
Eine feuerfeste Form mit wenig Butter ausfetten, abwechselnd eine Schicht Püree einfüllen, mit Auberginenscheiben bedecken, die letzte Schicht ist Püree. Darauf die Paprikaschoten verteilen. Die Brot-Kräuter-Mischung darüber verteilen, die restlichen 2 EL Butter gleichmäßig darauf verteilen.
Die Form in den vorgeheizten Ofen auf die mittlere Schiene stellen, den Auflauf etwa 8 – 10 Minuten überbacken.

Tipp: Eine große Schüssel Salat dazu und Sie haben ein wunderbares mediterranes Essen! Als Getränk passt ein trocken-fruchtiger Prosecco ebenso dazu wie ein leichter roter Landwein.

Schmeckt erstaunlich gut, ist preiswert, einfach zu bewerkstelligen und eine super Überraschung für liebe Essensgäste:

Knusprige Kartoffelpizza

Für 4 Personen
Zubereitungszeit: etwa 60 Minuten

300 g Kartoffeln
2 EL Butter
750 g reife Tomaten
1 Zweig Thymian
1 Zweig Majoran
1 kleiner Zweig Oregano
einige frische Rosmarinnadeln
1 Zwiebel
2 Knoblauchzehen
1 – 2 EL in Öl eingelegte schwarze Oliven
Salz
1 MSP geriebene Muskatnuss
frisch gemahlener schwarzer Pfeffer
120 g Weizenmehl
30 g Kartoffelmehl
60 g Parmesan (am Stück!)
3 – 4 EL natives Olivenöl
130 g Schafskäse (Feta)

Die Kartoffeln unter fließendem Wasser abbürsten, in heißem Wasser zum Kochen bringen, in knapp 25 Minuten weich kochen. Dann abschütten, pellen und so heiß wie möglich durch eine Kartoffelpresse drücken bzw. fein stampfen. Die Butter in kleine Stückchen schneiden und unterrühren.
Die Tomaten kreuzweise einritzen, in ein Sieb legen und in einen Topf mit kochendem Wasser halten (½ Minute reicht meistens aus). Dann mit kaltem Wasser abschrecken, etwas abkühlen lassen und die Haut abziehen. Den Stielansatz der Tomaten heraus-

schneiden, das Innere mitsamt den Kernen entfernen, die Tomaten in große Würfel schneiden und in eine Schüssel geben.
Eine Springform oder eine Pizzaform mit einem Durchmesser von 24 cm mit etwas Butter gründlich einfetten. Den Backofen auf 200 °C vorheizen.
Die Kräuter von den Stielen streifen und fein hacken (eventuelle Blüten für die Dekoration verwenden!), zu den Tomatenwürfeln geben. Die Zwiebel und den Knoblauch pellen, beides fein hacken. Die Oliven abtropfen lassen und in schmale Streifen schneiden. Zwiebel, Knoblauch und Olivenstreifen zu den Tomatenwürfeln geben und verrühren.
Das Kartoffelpüree mit Salz, Muskatnuss und Pfeffer würzig abschmecken. Das Weizen- und das Kartoffelmehl zu den Kartoffeln geben (am besten mit den Knethaken einer Küchenmaschine oder eines Handrührers einarbeiten). Den Teig aus der Schüssel nehmen und auf einer leicht bemehlten Arbeitsfläche durchkneten, bis er sich glatt und seidig anfühlt. Ist er noch klebrig, etwas Mehl zufügen. Den Teig zu einer Kugel formen, in die eingefettete Form legen und mit einem kleinen Nudelholz von der Mitte zum Rand hin ausrollen (als Ersatz dient alles, was die Form einer Nudelrolle im Miniformat hat wie z. B. ein nicht zu dünnes Trinkglas). Einen Rand von etwa 1½ cm hochdrücken. Den Teigboden gleichmäßig mit einer Gabel einstechen (damit er keine Wellen schlägt!) und im vorgeheizten Ofen auf der mittleren Schiene knapp 20 Minuten vorbacken. Den Parmesankäse frisch reiben, auf dem vorgebackenen Teigboden verteilen. Die Tomatenmischung mit Pfeffer und ganz wenig Salz würzen (der Schafskäse ist bereits gesalzen!) und auf dem Teigboden gleichmäßig verteilen. Die Tomatenmischung mit dem Olivenöl beträufeln, die Form auf die unterste Schiene des Backofens stellen und 10 Minuten überbacken. Den Schafskäse in Würfel schneiden, auf den Tomaten verteilen, die Pizza weitere 20 – 30 Minuten backen, bis der Schafskäse leicht gebräunt ist.

Zucchini-Kartoffel-Gratin

Für 3 – 4 Portionen
Zubereitungszeit: etwa 35 Minuten

1 kg Kartoffeln
600 g kleine feste Zucchini
Butter zum Ausstreichen der Form
2 Zweige frischer Zitronenthymian (¼ TL getrocknet)
ein paar Rosmarinnadeln
ein Zweig Estragon (¼ TL getrocknet)
1 – 3 Knoblauchzehen
200 g Sahne
4 Eier (Größe 2)
1 MSP Nelkenpulver
Salz
frisch gemahlener schwarzer Pfeffer

Die Kartoffeln kräftig abbürsten (wenn es neue Kartoffeln sind oder welche mit dünner Schale aus Bioanbau, die Schale nicht entfernen) und auf einem Gurkenhobel oder mit der Küchenmaschine in dünne Scheiben hobeln. Die Zucchini waschen, Blüten- und Stielansatz entfernen, ebenfalls in dünne Scheiben hobeln oder schneiden.
Den Backofen auf 200 °C vorheizen. Eine große flache Gratinform mit der Butter großzügig einfetten. Die Kartoffel- und Zucchinischeiben dachziegelartig ringförmig einlegen, je eine Reihe Zucchini-, eine Reihe Kartoffelscheiben. Die Kräuter waschen und trockenschütteln – eventuell in einem Küchenhandtuch ausschleudern – und fein hacken. Wenn sich an den Thymianzweigen Blüten befinden, diese für die Dekoration aufbewahren. Den Knoblauch pellen und durch eine Knoblauchpresse drücken oder fein hacken. In einem hohen Becher die Sahne mit den Eiern kräftig verquirlen. Kräuter und Knoblauch zufügen, mit den Gewürzen verrühren. Nun die Eiersahne auf den Kartoffel- und Zucchinischeiben gleichmäßig verteilen. Die Form mit einer Alufolie abdecken

und auf der mittleren Schiene im vorgeheizten Ofen ca. 20 – 30 Minuten backen. Dann die Folie abnehmen und das Gemüse weitere 30 Minuten backen, bis die Kartoffeln weich und der Auflauf knusprig und leicht gebräunt ist.

Tipp: Dieses Gratin ist sehr schnell zubereitet, schmeckt auch kalt sehr gut und ist mit einem knackigen bunten Salat ein feines Sommer- oder ein leichtes Abendessen.
Als Getränk passt ein leichter trockener Prosecco ebenso gut wie ein halbtrockener leichter Weißwein aus Frankreich oder Italien. Als ich dieses Rezept kreierte, war es draußen ziemlich heiß und ich probierte ein Glas gekühlten Kefir dazu, spritzig und herb, das harmonierte sehr gut mit dem etwas süßlich schmeckenden Gratin!

Gebackenes

Hätten Sie gedacht, dass in einem Rezeptbuch über Kartoffeln ein Baguette zu finden sein wird oder gar ein »Schokoladen-Kartoffel-Kuchen«? Der große Vorteil von Kartoffeln ist hier, dass sie sehr geschmacksneutral sind und dem Brot bzw. Kuchen Volumen und Feuchtigkeit verleihen. Das heißt, sowohl das Baguette als auch der Schokoladenkuchen sind locker, saftig und bleiben lange frisch. Und die leckeren Kartoffel-Käse-Plätzchen werden der Renner bei Ihrer nächsten Party sein. Die Gäste werden Sie auf Knien um das Rezept bitten!

Ein lockeres, leichtes Brot, das durch den Kartoffelanteil im Teig bei kühler Lagerung auch nach 4 Tagen noch gut schmeckt und nicht ausgetrocknet ist!

Würziges Kartoffelbaguette

Zutaten für 2 Brote
Zubereitungszeit: etwa 70 Minuten

400 g Kartoffeln (am besten schon länger gelagert)
½ Würfel frische Hefe
½ TL Zucker
400 g Dinkelmehl
2 EL Butter
100 g Roggenmehl
1 TL gemahlener Kümmel
je ½ TL Anis, Fenchel und Koriander, gemahlen
3 – 4 EL gemischte Samen (Sesam, Sonnenblumenkerne, Mohn, Kürbiskerne) oder gehackte Nüsse

Die Kartoffeln unter fließendem Wasser mit einer Gemüsebürste säubern und in bereits heißem Wasser aufkochen, in etwa 25 – 30 Minuten weich kochen. Inzwischen in einer großen Rührschüssel die Hefe zerkleinern, mit 100 ml lauwarmem Wasser und dem Zucker verrühren. 3 EL von dem Dinkelmehl mit dem Hefewasser verrühren, diesen Vorteig abdecken.
Die Kartoffeln abschütten, pellen und so heiß wie möglich durch eine Kartoffelpresse drücken bzw. fein stampfen. Mit dem Hefevorteig verrühren. Dafür dürfen die Kartoffeln nicht zu heiß sein, sonst werden die Hefebakterien zerstört. Die Butter erwärmen und lauwarm unter den Teig rühren. Das restliche Mehl und die gemahlenen Gewürze dazugeben und den Teig in gut 10 Minuten kräftig durchkneten, bis er glatt, elastisch und nur noch ein bisschen klebrig ist. Etwas Mehl auf die Arbeitsfläche geben, den Teig zu einer Kugel formen und auf das Mehl legen. Eine vorher angewärmte Schüssel darüber stülpen. Den Teig so etwa 40 Minuten

»gehen lassen«, bis er ungefähr das doppelte Volumen erreicht hat. Den Ofen auf 220 °C vorheizen, ein Backblech mit Backpapier auslegen bzw. mit Butter gründlich einfetten. Den Teig auf der mit Mehl bestreuten Fläche nochmals kräftig durchkneten und dann halbieren. Aus jeder Hälfte eine Kugel und daraus eine etwa 25 cm lange Rolle formen. Die Rollen auf das Backblech legen und unter einem sauberen Küchentuch nochmals 15 Minuten gehen lassen. Danach die Brote mit etwas warmem Wasser bestreichen, die Samenkörner darauf verteilen und leicht andrücken. Ein spitzes Messer in Wasser tauchen und die Brote einmal längs etwa 1½ cm tief einschneiden – das verhindert ein ungleichmäßiges Aufreißen der Brote. Das Backblech auf die mittlere Schiene des vorgeheizten Backofens schieben und die Brote 10 Minuten backen. Dann die Temperatur auf 190 °C zurückschalten und die Brote weitere 20 – 25 Minuten backen, bis sie goldbraun sind (eventuell mit Alufolie abdecken, damit die Samenkörner nicht verbrennen). Machen Sie die Garprobe mit einem Holzstäbchen: Wenn noch Krümel daran hängen, einige Minuten weiter backen.

Tipp: Wenn die Brote auf einem Buffet oder im Frühstückskorb schön aussehen sollen, können Sie mit den Kürbis- oder Sonnenblumenkernen ein dekoratives Muster »legen«.
Die Baguettes schmecken sehr gut mit ein paar in Olivenöl eingelegten getrockneten Tomaten, mit klein geschnittenen schwarzen Oliven oder mit Kräutern wie Thymian oder Majoran.

Super für Gäste und Feste:

Käse-Kartoffel-Plätzchen
Für etwa 50 Stück
Zubereitungszeit: etwa 60 Minuten

250 g Kartoffeln
150 g Dinkelmehl
1 MSP Backpulver
¼ TL Muskatnuss, frisch gerieben
½ TL Kümmelpulver
¼ TL Pimentpulver
einen Hauch Cayennepfeffer
¼ TL Salz
¼ TL Currypulver
50 g Sonnenblumenkerne
80 g kalte Butter
1 Ei
etwas Butter zum Einfetten der Backbleche
2 EL Sahne
zum Bestreuen der Plätzchen nach Belieben
  z. B. geriebener Käse, Mohn, Sesam, gehackte Kürbiskerne,
  Kümmel, schwarze Senfkörner, Schwarzkümmel

Die Kartoffeln abbürsten, in wenig heißem Wasser in ca. 25 Minuten weich kochen. So heiß wie möglich pellen, durch eine Kartoffelpresse drücken und exakt 150 g Kartoffelmasse abwiegen. Das Mehl mit dem Backpulver, Muskatnuss, Kümmel- und Pimentpulver, Cayenne, Salz und Currypulver vermischen. Die Sonnenblumenkerne fein hacken und unterrühren. Die Mehlmischung mit den durchgedrückten Kartoffeln gut vermischen. Die kalte Butter in kleine Stückchen schneiden, mit dem Mehl zwischen den Fingern zerreiben. Das Ei zufügen und alles zu einem geschmeidigen Teig verkneten. Diesen etwas flach drücken, in eine Klarsichtfolie

hüllen und mindestens eine halbe Stunde in den Kühlschrank legen.
Zwei Backbleche mit etwas Butter einfetten oder mit Backpapier auslegen. Den Ofen auf 200 °C vorheizen. Den Teig gleichmäßig ausrollen, etwa 2 mm dick. Nun beliebige Formen ausschneiden oder rädeln, z. B. Rauten oder Quadrate (oder mit einem Plätzchenausstecher verschiedene Plätzchen formen). Diese mit der Sahne bestreichen und mit den ausgewählten Zutaten bestreuen. Die fertigen Plätzchen auf die Bleche legen und im Backofen in etwa 15 Minuten goldgelb backen.

Tipp: Diese lockerleichten, knusprigen, goldgelben Plätzchen passen zum Wein oder Bier ganz hervorragend. Aber auch auf einem kalten Buffet machen sie sich sehr gut, vielleicht zum Aufnehmen von etwas Frischkäsekreme oder einfach nur so zum Knabbern.

Außergewöhnlich, köstlich und einfach herzustellen, der:

Schokoladen-Kartoffel-Kuchen
Für eine Kastenform von 24 cm Länge
Zubereitungszeit: etwa 45 Minuten

250 g Kartoffeln
2 EL Sultaninen
2 – 3 EL Amaretto
80 g + 10 g Macadamianüsse
70 g Schokolade (Zartbitter)
1 cm langes Stück Ingwerwurzel
130 g weiche Butter
120 g Zucker
1 gestrichener TL Vanillepulver
1 TL Zimtpulver
2 Eier
150 g Mehl
2 gestrichene TL Backpulver
3 – 4 EL Milch
150 g Kuvertüre (Zartbitter)

Die Kartoffeln waschen und schälen. Die Sultaninen in dem Mandellikör einweichen. 80 g Macadamianüsse in der Küchenmaschine reiben, in ein Schüsselchen füllen und beiseite stellen, mit der Schokolade ebenso verfahren. Ingwer dünn abschälen; die Kartoffeln fein reiben (sie brauchen die Küchenmaschine nach dem Reiben der Schokolade nicht zu säubern!) und auf ein Sieb legen, kräftig ausdrücken. Ingwer in der Küchenmaschine reiben, zu den ausgedrückten Kartoffeln geben. Den Ofen auf 180 °C vorheizen. In einer Schüssel die weiche Butter mit dem Zucker schaumig rühren. Vanille- und Zimtpulver unterrühren, dann erst ein Ei verrühren, dann das nächste Ei unterrühren. Die gemahlenen Nüsse und das Mehl mit dem Backpulver unterrühren. Schokoladenpulver und die geriebenen Kartoffeln mit dem Ingwer unterrühren. Die

Sultaninen etwas abtropfen lassen, zum Teig geben. Die Milch zufügen. Eine Kastenform von 24 cm Länge gründlich mit Butter einfetten. Den Teig einfüllen, die Form auf die mittlere Schiene stellen und den Kuchen ca. 50 Minuten backen (mit einem Holzstäbchen die Garprobe machen, hängen nach dem Einstechen in die höchste Stelle des Kuchens noch Krümel daran, sollte noch ein paar Minuten nachgebacken werden, eventuell mit Alufolie abdecken). Den Kuchen aus der Form stürzen.
Die Kuvertüre im heißen Wasserbad schmelzen lassen und den Kuchen damit überziehen. Die restlichen Macadamianüsse (10 g = 5 – 6 Nüsse) grob hacken, auf die noch feuchte Glasur streuen.

Tipp: Ich habe zu diesem außergewöhnlichen und saftigen Schokoladenkuchen eine Tasse Kakao getrunken, garniert mit einem Sahnehäubchen. Dieses hatte ich »parfümiert« mit einem Teelöffel des Amarettos, in dem die Sultaninen baden durften ...!

Quiche mit Kartoffeln und Steinpilzchampignons

Als Hauptgericht für 4 Portionen,
als Vorspeise für 6 – 8 Portionen
Zubereitungszeit: etwa 40 Minuten

600 g Kartoffeln
150 g Mehl
150 g fein gemahlene Haselnüsse
Salz
125 g + 1 EL Butter
1 + 3 Eier
250 g braune Champignons
2 große Zwiebeln
1 Knoblauchzehe
½ Bund Estragon (½ TL Pulver)
1 EL Noilly Prat (französischer Wermut)
frisch gemahlener schwarzer Pfeffer
125 ml Sahne
125 ml Milch
100 g geriebener Käse (Emmentaler oder Aargauer/Pinzgauer)

Die Kartoffeln abbürsten und in bereits kochendem Wasser in ca. 25 Minuten weich kochen, kalt abschrecken und abkühlen lassen.

Für den Teig das Mehl, die gemahlenen Nüsse, ½ TL Salz, 125 g Butter in kleinen Stückchen (möglichst kalt), und ein Ei zu einem geschmeidigen Teig verkneten. In eine Pie- oder Ringform (26 cm Durchmesser) drücken und einen Rand von ca. 3 cm Höhe formen, kalt stellen. Die Pilze wenn nötig am Stielansatz kürzen, mit einem Küchentuch abreiben und in dünne Scheiben schneiden. Die Zwiebeln pellen und dann fein hacken bzw. zu feinen Würfelchen schneiden (je schärfer das Messer, desto weniger Tränen!). Die Knoblauchzehe pellen. Einen Esslöffel Butter in einem breiten Topf mit dickem Boden zerlassen, die Zwiebelwürfel darin goldgelb anbraten. Die Hitze höher schalten, die Pilze und das Estragon dazugeben und unter Rühren so lange braten, bis keine Flüssigkeit mehr vorhanden ist. Mit dem Wermut ablöschen, mit Salz und Pfeffer würzen, vom Herd ziehen. Den Backofen auf 225 °C vorheizen. Die Kartoffeln pellen und grob reiben, zu den Pilzen geben. Sahne und Milch verquirlen, mit der Pilzmischung gut verrühren, nochmals mit Salz und Pfeffer abschmecken. Die Pilz-Kartoffel-Mischung auf dem Teigboden verteilen, mit dem Käse bestreuen und im vorgeheizten Ofen (225 °C) auf der mittleren Schiene ca. 35 Minuten backen.

Tipp: Zu dieser Spezialität aus der Schweiz passt ein zartes Kohlrabigemüse mit viel frischem Kerbel. Aber auch ein bunter Salat, vielleicht mit ein paar Apfelscheiben angereichert, harmoniert gut mit der Quiche.

Beim Säubern bzw. Putzen von Pilzen sollten Sie so vorgehen: eventuell vorhandene Steinchen, Erde oder Sand mit einem Küchentuch abreiben oder mit einer eigens dafür bestimmten und im Handel erhältlichen Pilzputzbürste entfernen. Pilze sollten möglichst nicht gewaschen werden, sie saugen das Wasser auf wie ein Schwamm – nicht umsonst heißen Pilze ja in Österreich auch »Schwammerl« – und verlieren viel von ihrem zarten Eigengeschmack.

Lassen Sie sich nicht abschrecken, weil Sie meinen, es sei zu schwer, einen Strudel zu rollen. Nur Übung macht den Meister – Sie können statt einem großen Strudel für jede Person einen kleinen Strudel rollen, dann bekommen Sie das Gefühl dafür und merken – es ist ganz einfach, macht Spaß, ist super für die Resteverwertung und macht immer großen Eindruck!

Süßer Strudel mit Kartoffelfüllung
Für 6 – 8 Portionen
Zubereitungszeit: etwa 60 Minuten

250 g Kartoffeln
300 g Mehl
1 EL Sonnenblumen- oder Distelöl
1 + 2 Eier
1 Prise Salz
1 EL Joghurt
¼ l warmes Wasser
30 g Sultaninen
2 EL Amaretto (ersatzweise Apfel(dick)saft)
30 g + 60 g + 10 g Butter
40 g Semmelbrösel
3 EL + 1 EL (brauner) Zucker
1 Limette
125 ml süße Sahne
40 g geriebene Mandeln

Die Kartoffeln unter fließendem Wasser abbürsten, in heißem Wasser in etwa 20 Minuten weichkochen, abschrecken und pellen; zugedeckt beiseite stellen. Das Mehl in eine Schüssel geben, das Öl, ein ganzes Ei und eine Prise Salz zufügen. Joghurt und warmes (nicht heißes) Wasser in einer Tasse vermischen, zur Mehlmischung geben. Das Ganze zu einem glatten, geschmeidigen Teig verkneten. So lange kneten, bis die Oberfläche der Teigkugel seidig glatt, also nicht mehr klebrig ist. Ein Handtuch über die Schüssel legen und an einen warmen Ort stellen (z. B. in den Backofen, der – wenn die Backofenlampe eine Weile brennt – immerhin ca. 28 °C erreicht).

Die Sultaninen unter heißem Wasser abspülen, mit dem Amaretto in einer kleinen Schüssel mischen und darin ziehen lassen, eventuell etwas heißes Wasser zufügen, damit die Sultaninen von Flüssigkeit nahezu bedeckt sind. Die Kartoffeln durch eine Kartoffelpresse in eine Schüssel drücken bzw. mit einem Kartoffelstampfer sehr fein zerdrücken. 30 g Butter in einer Pfanne zerlassen, die Semmelbrösel darin in etwa 4 Minuten leicht bräunen, beiseite stellen (Vorsicht, wenn die Pfanne noch heiß ist, bräunen die Brösel eventuell nach!). 60 g Butter mit dem Zucker in einer Schüssel schaumig rühren. Die zwei Eier trennen, das Eiweiß kühl stellen. Das Eigelb zur Zuckermischung rühren, mit den Rührstäben eines Handrührers so lange weiter schlagen, bis eine weiße cremige Masse entsteht. Die Limette heiß abbürsten, die Schale abreiben, den Saft auspressen, beides zur Creme geben. Sahne und die geriebenen Mandeln zufügen und unterrühren. Die Sultaninen abtropfen lassen, mit dem Kartoffelpüree zu Creme geben. Das Eiweiß zu steifem Schnee schlagen und vorsichtig unter die Creme ziehen.

Den Backofen auf 220 °C vorheizen. Ein Backblech mit Backpapier auslegen.

Den Teig noch einmal kurz durchkneten. Auf einem mit Mehl bestreuten Küchentuch möglichst dünn ausrollen. Die Semmelbrösel auf der Teigplatte verteilten, dabei an allen vier Seiten je einen Rand von etwa 3 cm frei lassen. Die Füllung auf den Semmelbröseln verteilen und gleichmäßig verstreichen. Die Seitenteile der Teigplatte etwas einschlagen und mit Hilfe des Küchentuchs zu einem Strudel aufrollen. Mit der »Nahtstelle« nach unten auf das Backblech legen. Die restlichen 10 g Butter zerlassen, den Strudel damit bestreichen, mit 1 EL Zucker bestreuen, dann das Blech in den Ofen in die mittlere Schiene schieben.

Den Strudel nach dem Backen etwas Auskühlen lassen, dann lässt er sich auch besser schneiden.

Mandel-Kartoffel-Torte

Für 12 Stücke
Zeit: etwa 55 Minuten (ohne Ruhezeit)

250 g Kartoffeln
2 EL Amaretto (ersatzweise Rum oder Weinbrand)
50 g Sultaninen
6 Eier (Größe 2)
150 g Zucker
½ – 1 TL Zimt
1 Limette
100 g gemahlene Mandeln
etwa 1 EL weiche Butter zum Ausstreichen der Form
1 EL Semmelbrösel
2 EL Puderzucker

Die Kartoffeln **am Vortag** unter fließendem Wasser abbürsten. Wasser in einem Topf heiß werden lassen; die Kartoffeln darin in ca. 35 Minuten weich kochen. In ein Sieb abgießen, mit kaltem Wasser abschrecken und etwas abkühlen lassen. Die Schale mit einem kleinen Küchenmesser abziehen, die Kartoffeln in eine Schüssel legen, mit Haushaltsfolie abdecken, bis zur Verarbeitung kühl stellen.

Am Zubereitungstag den Amaretto in eine kleine Schüssel geben. Die Sultaninen mit heißem Wasser überbrausen, abtropfen lassen und zum Amaretto geben. Mindestens eine Stunde darin quellen lassen.

Die Kartoffeln fein reiben oder sehr fein zerstampfen. Die Eier trennen, das Eiweiß in den Kühlschrank stellen, die Eigelb in eine Rührschüssel geben, mit dem Zucker und dem Zimt schaumig rühren. Das geht am besten mit den Quirlen eines Handmixers in etwa 10 Minuten (mit einem Schneebesen geht das zwar auch, ist aber sehr mühsam und die Handgelenke »laufen heiß«, denn die Eigelb-Zucker-Creme darf nicht mehr flüssig sein). Den Ofen auf 180 °C vorheizen.

Die Limette heiß abbürsten und die Schale fein abreiben. Mit den geriebenen Mandeln unter die Creme ziehen. Die Sultaninen abtropfen lassen, mit den Kartoffeln zur Creme geben und untermischen. Das Eiweiß sehr steif schlagen und vorsichtig unter die Kartoffelmasse heben (das geht sehr gut mit einem Gummispatel).
Eine Springform von 24 cm Durchmesser mit der weichen Butter gründlich ausstreichen und mit den Semmelbröseln ausstreuen. Den Teig in die Form gleiten lassen, in den vorgeheizten Ofen stellen – mittlere Schiene – und bei 170 °C etwa 60 Minuten backen. Gegen Ende der Backzeit eventuell mit Alufolie abdecken, damit die Torte an der Oberfläche nicht zu dunkel wird.
Den Rand der Torte mit einem spitzen Messer vorsichtig lösen, die Springform öffnen und die Torte ein paar Minuten ruhen lassen. Dann vorsichtig auf einen Kuchendraht gleiten lassen. Den Puderzucker in ein Sieb geben und die Torte bestäuben.

Tipp: Diese außergewöhnliche, köstliche Torte können Sie sowohl als Dessert als auch als Kaffee- oder Teegebäck reichen. Auch auf einem Buffet oder zum Brunch ist sie eine feine Ergänzung. Statt der geriebenen Mandeln passen Cashew- oder Paranüsse sehr gut zum Kartoffelgeschmack. Eine Lösung für die vielen Leute, die keine Rosinen mögen: Korinthen machen sich ausgezeichnet in dieser Torte! Ein Klecks vorher gut aufgeschlagener, eventuell mit einem Rest des Einweich-Amarettos gewürzter Crème fraîche rundet den Geschmack der Torte sehr fein ab.

Eine einfache und witzige Kartoffelidee mit knusprigem Blätterteig als Unterlage!

Zwiebel-Kartoffel-Kuchen
Für 20 Stücke
Zubereitungszeit: etwa 60 Minuten

400 g Blätterteig (TK-Ware)
etwas feines Mehl zum Ausrollen
300 g Edelpilzkäse (Roquefort, Gorgonzola)
50 ml Sahne
130 g weiche Butter
2 kg Kartoffeln
3 große Gemüsezwiebeln
1 EL – 2 EL Apfeldicksaft
50 g Kartoffelmehl (Speisestärke)
2 Eigelb
2 Thymianzweige
2 Majoranzweige
½ TL gemahlener Kümmel
Salz
frisch gemahlener schwarzer Pfeffer

Den Blätterteig aus der Verpackung nehmen und auftauen lassen. Dann die Blätter aufeinander legen, etwas Mehl auf die Arbeitsfläche stäuben und den Teig mit einer Kuchenrolle auf etwas mehr als Backblechgröße ausrollen. Die Teigplatte auf das Backblech legen, die Ränder sollten an allen vier Seiten etwa 2 cm hoch stehen. Die Teigplatte mit einer Gabel einstechen. Den Käse in grobe Stücke teilen, eventuell harte Ränder wegschneiden. Die Stücke in eine hohe Schüssel geben. Sahne und Butter hinzufügen und mit dem Pürierstab des Handrührers (oder im Mixer) sehr fein pürieren. Den Backofen auf 225 °C vorheizen.
Die Kartoffeln schälen oder mit einem Küchenmesser abschrappen, grob raspeln und gut ausdrücken. Die Zwiebeln schälen, grob

zerteilen und zu den Kartoffeln raspeln oder mittelfein hacken. Apfeldicksaft, Kartoffelmehl und Eigelbe unterrühren. Die Kräuter waschen, trockenschütteln und die Blätter von den Stielen streifen. Grob hacken, zu der Kartoffel-Zwiebel-Mischung geben. Mit Kümmel, Salz und Pfeffer abschmecken.

Diese Mischung auf dem Teig gleichmäßig verteilen. Die Käsecreme in kleinen Häufchen auf dem Gemüse verteilen, leicht verstreichen. Der Käse zerläuft später. Das Blech auf der untersten Schiene im vorgeheizten Backofen etwa 40 Minuten backen. Den Ofen auf 190 °C zurückschalten, das Blech dann auf dem Backofenboden nochmals 10 Minuten backen. Darauf achten, dass Belag und Boden nicht zu dunkel werden.

Nach Ende der Backzeit etwas abkühlen lassen, dann in Stücke schneiden und lauwarm servieren.

Tipp: Zu diesem würzigen Kuchen schmecken sowohl ein kühles Bier als auch ein fruchtiger trockener Weißwein. Ein gemischter Sommersalat mit etwas Rauke und/oder Kresse sorgt mit den Gewürzen des Kuchens für eine gute Verdauungsvorbereitung!

Exotisches

An den vielen exotischen Kartoffelrezepten ist abzulesen, welche Reise die tolle Knolle durch die gesamte Welt gemacht hat. Mir ist zurzeit kein Land bekannt, aus dem nicht irgend ein Kartoffelrezept stammt. Sie finden in diesem Kapitel Rezepte aus Indien und aus Afrika, aus Amerika, aus Peru, aus Spanien und aus Ungarn. Wenn Sie bisher gedacht haben, Kartoffeln wären etwas typisch Deutsches, können Sie sich hier davon überzeugen lassen, dass kaum ein Nahrungsmittel so international ist wie die Kartoffel. Es ist auch ganz erstaunlich, wie wandlungsfähig sie ist. Eben noch präsentiert sie sich uns noch als durchaus sehr leckere, aber eher brave Bratkartoffel, im nächsten Moment verzaubert sie, durch Kurkuma, Ingwer und Schwarzkümmel geadelt, unsere Geschmacksnerven. Oder sie badet in Kokosmilch in der Nachbarschaft von süßen Kochbananen.

Auf geht's in das Abenteuerreich der Kartoffeln ...

Mit nur 270 kcal pro Portion ein leckeres Rezept für die »schlanke Küche«!

Blumenkohl-Kartoffel-Curry

Für 4 Portionen
Zubereitungszeit: etwa 40 Minuten

500 g Kartoffeln
1 kleiner Blumenkohl
2 große Gemüsezwiebeln
1 Stück Ingwerwurzel, ca. 6 cm
2 große Fleischtomaten
2 kleine Chilischoten (nach Belieben)
2 EL Sonnenblumenöl oder Ghee
1½ TL Kreuzkümmelpulver
1 TL Korianderpulver
200 g TK-Erbsen
5 EL Joghurt
Salz
Pfeffer
1 TL gutes Curry

Die Kartoffeln schälen und würfeln. Den Blumenkohl in Röschen zerteilen und in Salzwasser legen (das entfernt eventuell vorhandene »tierische Mitbewohner«). Die Zwiebeln schälen und in mittelgroße Würfel schneiden. Die Ingwerwurzel mit einem Sparschäler oder einem scharfen kleinen Messer sehr dünn abschälen. Die Wurzel in kleine Würfelchen schneiden. Die Tomaten waschen und in Spalten schneiden, den grünen Stielansatz herausschneiden. Die Chilischote entkernen und in feine Streifen schneiden (mit Handschuhen arbeiten!). Die Blumenkohlröschen abschütten. Das Sonnenblumenöl oder das Ghee in einem großen schweren Topf heiß werden lassen. Die Zwiebelwürfel darin hellbraun anbraten. Kartoffelwürfel, Blumenkohlröschen und die fein geschnittenen Chilischoten zugeben. Unter Rühren ca. 3 Minuten anbraten; dann die Gewürze darüber streuen und gut unterrühren. Die Tomatenwürfel, die Erbsen und den Joghurt unterrühren, gut vermischen. Einen viertel Liter Wasser angießen (oder Gemüsebrühe) und das Ganze zugedeckt bei kleiner Hitze etwa 20 Minuten ziehen lassen, ab und zu vorsichtig umrühren. Mit Salz und Pfeffer würzen, das Curry darüber streuen und das Gemüse servieren.

Tipp: Traditionell wird hierzu ein indisches Fladenbrot serviert; ein knuspriges Baguette oder Ciabatta passt ebenfalls hervorragend dazu. Wenn die Mahlzeit richtig satt machen soll, servieren Sie den wunderbar aromatischen Basmatireis dazu. Machen Sie sich die Arbeit und ziehen Sie die Haut von den Tomaten ab, der Genuss ist der Dank dafür!

Ghee ist geklärte Butter und ist aus der indischen bzw. ayurvedischen Küche nicht wegzudenken. In der ayurvedischen Heilkost spielt es eine große Rolle. Aber auch für die ganz normale indische Küche wird das Ghee sehr gerne verwendet. Es hat einen hervorragenden Geschmack. In vielen Naturkostläden und Reformhäusern wird das Butterfett in kleinen Gläsern angeboten. Auch im ayurvedischen Versandhandel ist es erhältlich.

Aus der indischen Küche stammt dieses Rezept für Kartoffeln der Sonderklasse! Das Rezept für ein dazu passendes, sehr außergewöhnliches Chutney liefere ich Ihnen gleich mit.

»Kartoffeln, die den Pascha verzaubern«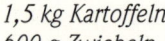
Für 4 – 5 Portionen
Zubereitungszeit: 45 Minuten

1,5 kg Kartoffeln
600 g Zwiebeln
4 EL Butterschmalz (Ghee)
2 TL braune (schwarze) Senfsaat
6 EL rote Linsen
6 cm Ingwerwurzel, geschält und in kleine Würfel geschnitten
1 MSP Cayennepfeffer
1 EL gemahlener Koriander
2 TL Kurkuma
½ TL Paprika edelsüß
etwa 1 l Gemüsebrühe
1 – 2 TL Salz
½ Bund glatte Petersilie
2 – 4 EL Crème fraîche

Die Kartoffeln unter fließendem Wasser kräftig abbürsten, in heißem, gesalzenem Wasser in etwa 20 Minuten nicht ganz weich kochen. Dann abgießen, mit kaltem Wasser abschrecken, pellen und grob würfeln. Die Zwiebeln pellen, grob würfeln. Alle Gewürze abmessen und bereitstellen. Das Butterschmalz in einem hohen Topf heiß werden lassen. Einen passenden Topfdeckel oder einen Spritzschutz bereitlegen. Die Senfsaat in das Fett geben und den Spritzschutz auflegen. Die Senfsaat springt beim Rösten hoch! Sobald das Knistern aufhört und die Senfkörner sich grau verfärben, den Topf von der Wärmequelle ziehen, die Linsen hinzu fügen, wieder auf den Herd stellen. Die Linsen ganz leicht bräunen lassen. Die Ingwerwürfelchen zufügen, unterrühren. Dann die restlichen Gewürze in den Topf geben und verrühren. Nun die Kartoffel- und Zwiebelwürfel zugeben, unter Rühren leicht anbraten. Die Gemüsebrühe angießen, vorsichtig umrühren, mit Salz abschmecken. Gemüse etwa 20 Minuten köcheln lassen, zwischendurch umrühren, eventuell Flüssigkeit nachfüllen. Die Petersilie waschen, trockenschütteln, die Blättchen von den Stielen zupfen und grob hacken. Vor dem Servieren auf jede Portion Kartoffelgemüse einen Klecks Crème fraîche geben und mit der Petersilie garniert servieren.

Rote-Bete-Chutney

250 g Rote Bete
1 fingerlanges Stück Meerrettich
1 Zwiebel
1 großer säuerlich-saftiger Apfel
3 – 4 EL Himbeeressig
1 MSP Nelkenpulver
½ TL Pimentpulver
1 EL Honig oder Rohrzucker
Salz
frisch gemahlener weißer Pfeffer
1 – 2 Knoblauchzehen

Rote Bete und Meerrettich schälen (mit Handschuhen wegen der intensiv roten Farbe der Roten Bete!) und fein raspeln. Das geht am besten in einer Küchenmaschine. Die Zwiebel pellen und fein hacken. Die Äpfel waschen, putzen, in Scheiben schneiden (nur, wenn die Schale sehr fest ist, die Äpfel schälen). Alle Zutaten mischen, in einem Topf etwa ½ Stunde gut durchkochen.
Das Chutney ist so köstlich, dass Sie es gleich in einer größeren Menge herstellen sollten! Das sehr heiße Chutney in ebenso heiße, gut gespülte Gläser mit Twist-Off-Deckeln füllen. So hält es mindestens 3 Monate.

Aus dem heißesten Teil Afrikas kommt dieses köstliche Gericht zu uns, schnell, einfach und aromatisch, ideal für Knoblauchliebhaber!

Buntes Gemüse in Kokosmilch

Für 4 Portionen
Zubereitungszeit: etwa 30 Minuten

200 g feste Kokosnusscreme
500 g Kartoffeln
3 dicke Gemüsezwiebeln
2 – 3 Knoblauchzehen
3 EL Maiskeimöl
1 Glas Gemüsemais (ca. 300 g)
Salz
frisch gemahlener schwarzer Pfeffer
500 g Tomaten
2 Kochbananen
1 Bund glatte Petersilie

125 ml Wasser in einem kleinen Topf aufkochen. Die Kokosnusscreme grob zerkleinern und in dem heißen Wasser unter Rühren schmelzen lassen.
Die Kartoffeln schälen, waschen, halbieren, in Viertel schneiden, dann würfeln. Die Zwiebel pellen und nicht zu klein hacken. Den Knoblauch schälen und hacken oder durch eine Knoblauchpresse drücken. Das Maiskeimöl in einem großen Topf erhitzen, die Zwiebelwürfel zugeben, leicht anbraten. Den Knoblauch zufügen, ganz kurz mit erhitzen (auf keinen Fall braun werden lassen, er verliert nicht nur seinen Geschmack, er wird total bitter!). Mit der Kokosmilch ablöschen. Die Kartoffelwürfel und die abgetropften Maiskörner zugeben. Mit Salz und Pfeffer würzen, gut umrühren und zugedeckt bei mittlerer Hitze etwa 15 Minuten köcheln lassen. In der Zwischenzeit die Tomaten kreuzweise einritzen, in einem Sieb für etwa 15 Sekunden in kochendes Wasser halten, unter kaltem

Wasser abschrecken und etwas abkühlen lassen. Die Haut mit einem spitzen Messer abziehen. Die Stielansätze gründlich herausschneiden, die Tomaten entkernen und fein würfeln. Ein paar Würfelchen für die Dekoration beiseite legen. Die Kochbananen schälen und in dicke Scheiben schneiden. Mit den Tomatenwürfeln zum Gemüse im Topf geben, vorsichtig umrühren, noch etwa 5 Minuten köcheln lassen. Eventuell noch etwas heißes Wasser nachgießen.
Die Petersilie waschen und trockenschütteln (eventuell in einem Handtuch trockenschleudern). Die Blättchen von den Stielen zupfen und grob hacken.
Das Gemüse kräftig abschmecken, auf vorgewärmten Tellern servieren, mit den beiseite gelegten Tomatenwürfeln und der Petersilie bestreuen.

Tipp: In Kenia, dem Heimatland dieses Rezeptes, wird das fertige Gericht mit Koriandergrün bestreut. Abgesehen davon, dass es bei uns immer noch sehr schwierig ist, frisches Koriandergrün zu bekommen, ist der Geschmack nicht jedermanns Sache ... Aber auf einen Versuch kommt es an.

Kartoffeln, Reis, Bohnen, ja passt das denn zusammen? Wie gut, wird Ihnen dieses Rezept zeigen, das aus Südamerika kommt. Dort hat die Mischung Tradition.

Kokosreis mit Kartoffeln und roten Bohnen

Für 4 Portionen
Zubereitungszeit: etwa 50 Minuten (ohne Einweichzeit)

75 g rote Kidneybohnen
3 große Zwiebeln
3 mittelgroße Kartoffeln
1 – 2 Knoblauchzehen
2 – 3 EL Öl oder Butterschmalz
200 g Langkornreis
½ l Gemüsebrühe
1 kleine gelbe Paprikaschote
1 – 2 mittelgroße Stiele Broccoli
etwa 200 ml Kokosnussmilch
½ Messerspitze Chilipulver (vorsichtig dosieren, sehr scharf!)
Salz
frisch gemahlener schwarzer Pfeffer
1 EL Kokosraspel

Die Bohnenkerne abspülen und über Nacht bzw. mindestens 12 Stunden mit Wasser bedeckt quellen lassen. Abschütten und mit frischem Wasser bedeckt in einem Topf aufkochen. Bei schwacher Hitze in etwa 1 bis 1½ Stunden weich kochen.
Die Zwiebeln pellen, den Wurzelansatz gut herausschneiden, die Zwiebeln grob würfeln. Die Kartoffeln waschen, schälen, halbieren. Die Hälften in Streifen schneiden und diese in kleine Würfel. Die Knoblauchzehen pellen und fein würfeln. Das Fett heiß werden lassen und die Zwiebeln darin bei mittlerer Hitze glasig werden lassen. Die Kartoffelwürfelchen zufügen, unter Rühren leicht anbraten. Die Knoblauchwürfel und den Reis zufügen, unterrüh-

ren und kurz anschwitzen lassen, dann die Brühe angießen. Den Reis zugedeckt bei mittlerer Hitze etwa 10 Minuten dünsten. In der Zwischenzeit die Paprikaschote waschen, aufschneiden und das weiche Innere sowie die Kerne entfernen. In Streifen schneiden, die Streifen in Würfel schneiden. Broccoli waschen, in Röschen zerteilen, den dicken Stiel gründlich schälen, bis keine faserigen Teile mehr zu sehen sind. Dann in Scheiben schneiden. Die Kokosnussmilch einmal kräftig durchrühren. Die Bohnen in ein Sieb schütten, kalt abspülen und abtropfen lassen. Die Paprikawürfel, die Broccoliröschen und die Bohnen zum Reis geben. Die Kokosnussmilch darüber gießen, das Chilipulver darüber stäuben und alles vorsichtig mischen. Das Gemüse zugedeckt bei schwacher Hitze weitere 10 Minuten köcheln lassen. Dann mit Salz und Pfeffer abschmecken. Die Kokosraspel in einer trockenen Pfanne hellgelb rösten (Vorsicht, einmal etwas Farbe angenommen, geht der weitere Prozess sehr schnell!). Vor dem Servieren über den Kokosreis streuen.

Tipp: Ich habe für dieses Rezept den wunderbar duftenden Basmatireis genommen, den es auch in der Vollkornvariante gibt. Sie können jedoch jeden beliebigen Langkornreis verwenden. Anstelle der roten Kidneybohnen können Sie auch die kleinen schwarzen Bohnenkerne verwenden – wobei Kidneybohnen besonders gut verträglich sind.
Als Variante bei der Gemüseauswahl wäre das ein Klassiker: frische grüne Erbsen (auch TK-Ware schmeckt sehr gut).
Wundern Sie sich beim Abschmecken nicht darüber, wie viel Salz Sie benötigen. Hülsenfrüchte, Reis und Kartoffeln schlucken jede Menge davon.
In der Karibik gibt es ähnliche Rezepte; dort serviert man Spiegeleier zum Kokosreis!

Ein Gericht wie aus 1001 Nacht, wohlriechend, wohlschmeckend, bekömmlich und nur etwa 230 kcal pro Portion!

Curry mit Kartoffeln und Lauch

Für 4 Portionen
Zubereitungszeit: etwa 30 Minuten

600 g Kartoffeln
2 EL Ghee oder Butterschmalz
1 EL schwarze Senfsaat
2 große Tomaten
3 kleine dünne Stangen Lauch
ein fingerlanges dickes Stück Ingwerwurzel
2 – 3 Knoblauchzehen
1 – 2 EL Garam Masala
einen Hauch Chilipulver
150 g Joghurt
1 TL Mehl
1 – 2 EL Limettensaft
Salz
frisch gemahlener schwarzer Pfeffer

Die Kartoffeln unter fließendem Wasser kräftig abbürsten, in Hälften, dann in Viertel schneiden und klein würfeln. Die Kartoffelwürfel mit einem Tuch ein wenig trocknen. Das Ghee in einem breiten Topf mit dickem Boden erhitzen, die Kartoffelwürfel darin 10 Minuten unter gelegentlichem Rühren anbraten (die Kartoffeln kleben ein bisschen am Topfboden, deshalb mit einem Pfannenwender o. Ä. vorsichtig lösen, damit die Kartoffelwürfel an allen Seiten gebräunt werden). Nun die Senfsaat über die Kartoffeln streuen, etwas durchrühren, den Deckel auflegen und weitere 5 – 10 Minuten braten. (Die Senfsamen springen etwas hoch, deswegen in den ersten 2 – 3 Minuten den Deckel nicht abnehmen.) Wasser für die Tomaten erhitzen, die Lauchstangen waschen, putzen und in Ringe schneiden. Die Tomaten kreuzweise einritzen, mit einem

Sieb für etwa 15 Sekunden in kochendes Wasser halten, unter kaltem Wasser abschrecken und etwas abkühlen lassen. Die Haut mit einem spitzen Messer abziehen. Die Stielansätze gründlich herausschneiden, die Tomaten entkernen und fein würfeln. Den Ingwer dünn abschälen, in dünne Scheiben, dann in kleine Würfel schneiden. Den Knoblauch pellen. Die Lauchringe und die Ingwerwürfel zu den Kartoffeln geben, den Knoblauch durch eine Knoblauchpresse direkt auf die Kartoffeln drücken, alles einmal umrühren. Das Garam Masala und das Chilipulver über das Gemüse streuen, kurz verrühren, Deckel auflegen, bei milder Hitze dünsten. Mit einem kleinen Schneebesen den Joghurt mit dem Mehl gut verrühren und in das Gemüse einrühren. Die Tomaten zufügen, umrühren, alles bei schwacher Hitze noch etwa 10 Minuten garen. Die Kartoffeln mit dem Limettensaft, mit Salz und Pfeffer kräftig abschmecken. Auf vorgewärmten Tellern servieren.

Tipp: Lassen Sie sich nicht von der Zutatenliste abschrecken, dieses wunderbare Gericht nachzukochen (ich habe den Teller so abgeleckt, dass fast die Glasur darunter litt ...!). Sie erhalten alle aufgeführten Zutaten in einem gut sortieren Naturkostladen bzw. Reformhaus. Wenn Sie keine aromatischen bzw. frischen Tomaten bekommen, können Sie getrost auf Ware aus dem Glas ausweichen.
Klassische Zutaten wären das indische Fladenbrot (alle anderen Fladenbrote passen genauso gut!) und ein Lassi. Das ist ein Getränk auf Joghurtbasis, entweder herzhaft, mit vielen, verdauungsfördernden Gewürzen oder Kräutern und mit etwas Mineralwasser verdünnt. Oder aber mit einer frischen, reifen Mango, in Joghurt püriert, mit etwas Limettensaft »parfümiert«.
Verwenden Sie kein Magermilchjoghurt, er könnte wegen des geringen Fettgehaltes gerinnen.

»...da könnte ich mich reinlegen« (O-Ton meiner Freunde, die als Testesser fungierten!) Eine bessere Empfehlung gibt es nicht für dieses traumhafte Essen:

Peruanische Kartoffeln in scharfer Käsesauce

Für 4 Portionen
Zubereitungszeit: etwa 25 Minuten

1 kg Kartoffeln
1 rote Paprikaschote
2 große Zwiebeln
5 EL Olivenöl
2 TL Kurkumapulver
150 g Frischkäse
200 ml Sahne
1 – 2 EL Limettensaft
Salz
frisch gemahlener schwarzer Pfeffer
½ – 1 MSP Cayennepfeffer (nach Belieben!)

Die Kartoffeln waschen, schälen und in knapp 1 cm dicke Scheiben schneiden. Wenig Salzwasser aufkochen, die Kartoffelscheiben darin zugedeckt in knapp 15 Minuten weich kochen, abgießen und auf einem Sieb abtropfen lassen.
Die Paprikaschote waschen, halbieren und das weiche Innere mit den Kernen gründlich entfernen. Die Hälften in Streifen, dann in Würfel schneiden. Die Zwiebeln pellen und in dünne Scheiben schneiden. Das Olivenöl in einer großen Pfanne erhitzen, Paprikawürfel und Zwiebelscheiben darin anrösten, bis die Zwiebeln hellbraun sind. Das Kurkumapulver unterrühren und kurz mit anbraten. Den Frischkäse ein- bzw. glatt rühren. Die Sahne zufügen und das Ganze etwas einkochen lassen bis die Käsecreme dickflüssig wird. Limettensaft unterrühren, die Creme mit Salz und Pfeffer

abschmecken. Zum Schluss den Cayennepfeffer zufügen. Die Kartoffelscheiben in die Käsecreme geben, nochmals leicht erwärmen.

Tipp: Sie können die Käsecreme vor Zugabe der Kartoffelscheiben mit dem Mixstab eines Handrührers pürieren, das macht sie bekömmlicher. Durch die Zugabe des Kurkumapulver bekommt die Käsecreme eine satte gelbe Farbe. Fast so, als hätten Sie mindestens 5 Eigelb in die Sauce gerührt! Das ist übrigens auch einer der Gründe, weshalb ich gerne Kurkuma einsetze. Ein selbst gemachter Vanillepudding hat niemals die schöne gelbe Farbe, die ein »Päckchen-Pudding« hat. Durch eine Spur Kurkuma in der Milch erreiche ich das gleiche Ziel!
Als ich dieses Rezept ausprobierte, war gerade Spargelzeit. Und so servierte ich weißen Stangenspargel zu diesem Gericht – ein Gedicht! Aber auch alle anderen Gemüsearten sind denkbar. Orangerote Möhren zum Beispiel oder knallgrüne Erbsen oder ein dunkelrotes Rote-Bete-Gemüse (vom Geschmack hervorragend zu Kartoffelzubereitungen aller Art!). Da werden auch Kinder schwach, wenn Sie so mit Farben spielen ...

Noch ein Wort zu Kurkuma, auch Gelbwurz oder Gelbwurzel. Sie gehört zu Ingwerfamilie. Der wichtigste Produzent ist Indien, wo sie denn auch ausgiebigst genutzt wird und in fast jeder Gewürzmischung (Masala) zu finden ist. Für die meisten Gerichte mit Hülsenfrüchten und Kartoffeln wird Gelbwurz verwendet. Sie dient der Verdauungsförderung und als Kräftigungsmittel für die Leberfunktion. Kurkuma oder Gelbwurz sollte immer vor der Verwendung erhitzt werden, damit es seinen bitteren, moschusartigen Geschmack verliert und den neuen würzigen annimmt! Die färbende Wirkung der Gelbwurz auf Lebensmittel habe ich schon angesprochen. Auch bei den Kochutensilien oder Ihrer Kleidung, die Sie beim Kochen tragen, tritt diese Wirkung auf, z. B. eine ehemals weiße Plastikschüssel wird (und bleibt!) gelb.
Sie bekommen dieses Pulver in jedem gut sortierten Naturkostladen oder Reformhaus.

Tortilla Espanola
Spanische Kartoffeltortilla

Für 2 Portionen als Hauptgericht
Für 4 Portionen als Vorspeise
Zubereitungszeit: etwa 25 Minuten

300 g Kartoffeln
1 große Zwiebel
5 EL natives Olivenöl
Salz
frisch gemahlener schwarzer Pfeffer
5 Eier
1 – 3 Knoblauchzehen (nach Belieben)
1 – 2 Tomaten
einige Oliven
2 – 4 Salatblätter

Die Kartoffeln waschen, schälen und in Würfel schneiden. Die Zwiebel pellen und fein würfeln. In einer Pfanne (etwa 28 cm Durchmesser) 3 EL Olivenöl erhitzen. Die Kartoffelwürfel darin 1 – 2 Minuten anbraten, dann die Zwiebelwürfel zugeben und beides weitere 2 – 3 Minuten unter Rühren anbraten. Mit Salz und Pfeffer würzen. Die Eier in einem hohen Becher mit Salz würzen und gründlich verquirlen. Den Knoblauch pellen und in die Eiermasse drücken. Über die Kartoffeln gießen. Bei mittlerer Hitze braten, bis die Eier stocken (also beginnen, fest zu werden). Dabei immer wieder mit einem Pfannenwender die Kartoffeln von Pfannenboden lösen, damit eventuell noch flüssiges Ei nachfließen und ebenfalls fest werden kann. Mit einem Pfannenwender die Tortilla vom Boden lösen. Einen passenden Deckel (oder den Boden einer 28er-Springform) auf die Pfanne legen und die Pfanne wenden, so dass jetzt die Tortilla auf dem Deckel liegt. Das restliche Öl in die Pfanne geben und die Tortilla mit der noch nicht gebratenen Seite in die Pfanne gleiten lassen. Die Hitze wegneh-

men und die Tortilla noch 2 – 3 Minuten auf der warmen Platte braten.
Die Tomaten waschen, vierteln und den grünen Stielansatz gründlich herausschneiden. Die Oliven vom Stein schneiden, in Streifen oder Würfelchen. Die Salatblätter waschen. Die Tortilla auf die Salatblätter legen, mit den Tomatenvierteln und den Oliven dekorieren.

Tipp: Wenn Ihnen das »Wendemanöver« zu umständlich erscheint, backen Sie vier kleine Tortillas, die sich ganz einfach mit dem Pfannenwender drehen lassen.
In eine solche Tortilla können Sie auch Gemüse unterbringen; auch Reste vom Tag zuvor können Sie hier hervorragend verwerten – wie das die Spanier auch tun.

Diese original spanische Tortilla schmeckt auch kalt sehr gut, ist daher auch als Büromahlzeit geeignet oder auch für ein Picknick oder ein Buffet.

Ungarische gefüllte Kartoffeln
Für 4 Portionen
Zubereitungszeit: etwa 50 Minuten

4 große Kartoffeln
1 große Zwiebel
2 Knoblauchzehen
130 ml Gemüsebrühe (Konzentrat aus dem Glas oder Würfel)
1 MSP Estragonpulver (oder Majoranpulver)
Salz
frisch gemahlener schwarzer Pfeffer
60 g + 60 g Joghurt
1 TL Paprikapulver (edelsüß)

Den Backofen auf 200 °C vorheizen. Die Kartoffeln kräftig abbürsten, mehrere Male einstechen und auf einer Alufolie ca. 60 Minuten backen. Die Zwiebel pellen und in feine Würfel hacken. Die Knoblauchzehe pellen und durch eine Knoblauchpresse drücken oder fein hacken. Gegen Ende der Backzeit die Gemüsebrühe mit den Zwiebel- und Knoblauchwürfeln in einen Topf geben, das Estragon- bzw. Majoranpulver zufügen, die Brühe zum Kochen bringen und etwa 3 Minuten leicht köcheln lassen, die Zwiebelwürfel sollen leicht glasig aussehen.

Die Kartoffeln aus dem Ofen nehmen und der Länge nach eine dünne Scheibe abschneiden, eventuell die Schale abziehen. Die Kartoffel mit einem Kugelausstecher aushöhlen (hilfsweise mit einem Teelöffel), die Wand sollte etwa Kleinfingerstärke betragen. Das ausgehöhlte Kartoffelinnere in den Topf mit den Zwiebeln geben, mit Salz und Pfeffer kräftig würzen, 60 g Joghurt zugeben und gut vermischen. Diese Mischung durch ein Sieb drücken oder mit einer Gabel oder einem Kartoffelstampfer sehr fein zerdrücken. In die ausgehöhlten Kartoffeln füllen, die Kartoffeln nochmals 8 – 10 Minuten backen. Auf Teller legen, den restlichen Joghurt auf den Kartoffeln verteilen und mit etwas Paprika bestäuben.

Tipp: Dazu passt ein bunter Salat aus grünen Blattsalaten, in Würfel geschnittene rote Paprika, ein bis zwei Stangen Bleichsellerie, ein aromatischer säuerlicher Apfel in Spalten, frische junge Zucchini in Würfeln, reichlich Zwiebelgrün und viele Kräuter in einer Vinaigrette mit körnigem Senf.

Ein Tag im
1. Deutschen Kartoffel-Hotel

Vor fast einem Jahr habe ich es entdeckt, das 1. Deutsche Kartoffel-Hotel im hannoverschen Wendland. Im Jahr 1989 gegründet, fanden immer mehr Gäste den Weg in eines dieser ungewöhnlichen Rundlingsdörfer, unweit der einzigartigen Elbtal-Auen.

Schon auf der Fahrt dorthin war ich begeistert von der wunderschönen Landschaft oberhalb von Braunschweig und Salzgitter. Und in nahezu jedem Dorf, durch das ich fuhr, standen die Schilder am Straßenrand »Kartoffeln zu verkaufen«.

Der Boden hier sei besonders vorteilhaft für die Kartoffel, es gedeihen die Sorten »Cilena« und »Cinja«, zwei typische Heidekartoffeln. Und diese soll man nicht einmal mit Salz würzen, um den wunderbaren Geschmack dieser Knollen unverfälscht genießen zu können. So erzählte mir Herr Bluhm, der Küchenchef des Kartoffel-Hotels.

»Ein Naturreservat von ungeheurer Weite, kaum zu ertragender Spannung, wechseln mit vollendeter Harmonie zwischen Himmel, Wasser und Erde. Auch ein Symbol wiedererlangter Freiheit der Marschen in Deutschland. Seit Jahrtausenden unverändert geprägt von Überflutungsperioden, tausendjährigen Eichen, Sümpfen, Raststätten von Millionen Zugvögeln. Ein Tummelplatz für alles Seltene, eines der letzten großartigen Naturparadiese. Hier ist die Freiheit grenzenlos ...«

... schreibt Gerlinde Stehr, die Begründerin des Kartoffel-Hotels in ihrem Buch »Eine Woche nur für mich«.

Hier ein außergewöhnliches Rezept aus dem Kartoffel-Hotel (mit freundlicher Genehmigung von Familie Stehr):

Rottaler Kartoffelkäs

Für 4 Portionen
Zubereitungszeit: ca. 25 Minuten

500 g Kartoffeln
1 große Zwiebel
200 g saure Sahne
100 g Sahne
Salz
schwarzer Pfeffer aus der Mühle
1 Bund Schnittlauch

Kartoffeln waschen und gar kochen, gut abdampfen lassen, pellen, sofort durch eine Kartoffelpresse drücken und abkühlen lassen. Die Zwiebeln schälen und in feine Würfel schneiden oder fein reiben und mit den Kartoffeln vermischen.
Saure Sahne mit einem Kochlöffel unterrühren und so viel süße Sahne dazu gießen, bis eine weiche geschmeidige Creme entsteht. Mit Salz und Pfeffer würzig abschmecken und mit fein geschnittenem Schnittlauch bestreut zu Bauernbrot servieren.

Mir hat diese Spezialität sehr gut geschmeckt, zumal das frisch gebackene Brot von einem kleinen Bioland-Hof im Dorf kam (auf regionale Produkte wird viel Wert gelegt!) und unwiderstehlich gut war.

Für weitere Informationen:
Deutsches Kartoffel-Hotel
29482 Küsten, OT Lübeln
Tel.: 0 58 41 / 13 60
www.kartoffel-hotel.de

Die Autorin

Astrid Poensgen-Heinrich bekochte sieben Jahre lang ihre Gäste im vegetarischen Vollwertrestaurant »Astrid« in Offenbach. Später gab sie ihre Erfahrungen als Redakteurin der Zeitschrift »vegetarisch fit!« weiter.
Heute ist sie als freie Journalistin tätig und beschäftigt sich vor allem mit Gesundheits- und Ernährungsthemen. Daneben hält sie Vorträge über gesundheitlich relevante Themen und arbeitet als Therapeutin für Ganzheitliche Massage.

Adressen rund ums Thema

Museen

Deutsches Kartoffelmuseum Fußgönheim e.V.
Hauptstr. 62
67136 Fußgönheim
Tel.: 0 62 37 /92 92 66
E-Mail: dkm.hkk@t-online.de
www.kendzia.de\kartoffelmuseum

Das Kartoffelmuseum
Grafinger Straße 2
81671 München
Tel.: 089 / 40 40 50
E-Mail: kartoffel@art-im-net.de

Thüringer Kloßmuseum
Im Dorf 1
99439 Heichelheim
Tel.: 0 36 43 /4 41 22 22
E-Mail: klossmuseum@t-online.de
www.klossmuseum.de

Vereine, die sich für alte Kulturpflanzen stark machen:

VERN e.V.
Verein zur Erhaltung und
Rekultivierung von Nutzpflanzen
in Brandenburg
Burgstraße 20
16278 Greiffenberg
Tel.: 03 33 34 / 7 02 32
Fax: 03 33 34 / 8 51 02
E-Mail: vern_ev@01019freenet.de
www.vern.de

Arche Noah
Gesellschaft zur Erhaltung und
Verbreitung der Kulturpflanzen-
vielfalt
Obere Straße 40
A-3553 Schloss Schiltern
Tel.: (+43) 0 27 34 / 86 26-0
Fax: (+43) 0 27 34 / 86 27
E-Mail info@arche-noah.at
www.arche-noah.at

VEN e.V.
Verein zur Erhaltung der
Nutzpflanzenvielfalt e. V.
Sandbachstraße 3
38162 Schandelah
Tel./Fax: 0 53 06 /14 02
E-Mail ven.nutz@gmx.de
www.nutzpflanzenvielfalt.de

SAVE Foundation
Head Office
Paradiesstraße 13
78462 Konstanz
Tel.: 0 75 31 / 45 59 40
E-Mail:
office@save-foundation.net
www.save-foundation.net/
(Europ. Dachorganisation, kein Saatgutaustausch)

Rapontica. Gemüse und Kräuter der Goethezeit e.V.
Rainer Kolbmüller
Bonhoeffer Straße 24
99427 Weimar
Tel.: 0 36 43 /42 73 76
E-Mail: rapontica@gmx.de

BUNDumweltzentrum Bad Langensalza
Burggasse 10/11a
99947 Bad Langensalza
Tel.: 0 36 03 / 81 31 25
Fax: 0 36 03 / 81 31 25
E-Mail: kontakt@bundlsz.de
www.bundlsz.de

Pro Specie Rara-Sekretariat
Engelgasse 12a
CH-9000 St. Gallen
Tel.: (+41) 071/2 22 74 20
Fax: (+41) 071 /2 23 74 01
www.genres.de/psr/psr.htm

Rezeptindex

Aligot 25
Auberginen-Kartoffel-
  Moussaka 114
Auberginen-Kartoffel-Salat 50

Béchamel-Kartoffel-Gemüse 68
Blumenkohl-Broccoli-
  Kartoffel-Gratin 106
Blumenkohl-Kartoffel-Curry 150
Bohnen-Kartoffel-Salat 52
Bunte Kartoffelpfanne 80
Buntes Gemüse in Kokosmilch 154

Cremesuppe mit Kräutersahne . 34
Curry mit Kartoffeln und Lauch 158

Dillrahmkartoffeln mit Gurken . 72

Erbsencremesuppe 36

Fruchtiger Kartoffelsalat 54

Gefüllte Kartoffelklöße 92
Gefüllte Kartoffelmedaillons 78
Gefüllte Kartoffeln 124
Gefüllte Kartoffeln, ungarisch . 164
Gemüse auf Kartoffelpüree
  überbacken 126
Gemüse-Halbe-Erbsen-
  Cremesuppe 36
Gewürz-Kartoffel-Salat 56
Gnocchi mit Mozzarella
  und Tomaten 94
Gratin mit Safran 108
Grünes Kartoffelpüree 20

Herzhaft gefüllte Kartoffeln ... 124
Herzhafte Kartoffelplätzchen 82
Herzhafter Kartoffelpudding 70
Herzoginkartoffeln 22

Kartoffelbaguette 134
Kartoffelgemüse
  aus Griechenland 74

Kartoffelklößchen
  in Senfcremesauce 98
Kartoffelklößchen, überbacken . 96
Kartoffelklöße, gefüllt 92
Kartoffelknödel
  mit Butterbröseln 90
Kartoffel-Lauch-Auflauf mit
  Gorgonzola-Sesam-Kruste ... 110
Kartoffelmedaillons, gefüllt 78
Kartoffeln, die den Pascha
  verzaubern 152
Kartoffelpfanne, bunt 80
Kartoffelpizza 128
Kartoffelplätzchen mit Knoblauch
  an Tomatencreme 82
Kartoffelpudding, herzhaft 70
Kartoffelpüree, extra 25
Kartoffelpüree, grün 20
Kartoffelpüree, klassisch 26
Kartoffelpüree, überbacken 28
Kartoffelsalat mit Räuchertofu .. 60
Kartoffel-Walnuss-Püree 30
Käse-Kartoffel-Plätzchen 136
Käse-Kartoffel-Ring mit
  Gemüsefüllung 122
Käse-Kartoffel-Suppe 38
Knusprige Kartoffelpizza 128
Kokosreis mit Kartoffeln
  und roten Bohnen 156

Lauch-Kartoffel-Gemüse
  aus dem Ofen 112
Lauch-Kartoffel-Suppe 40
Lauwarmer Gewürz-
  Kartoffel-Salat 56
Luxus-Reibekuchen 76

Mandel-Kartoffel-Torte 144

Peruanische Kartoffeln in
  scharfer Käsesauce 160
Pommes frites aus
  dem Backofen 24

Quiche mit Kartoffeln und
　Steinpilzchampignons 140

Radieschen-Kartoffel-Suppe 42
Reibekuchen »Rheinische Art« .. 84
Rösti nach Schweizer Art 85
Rote-Bete-Chutney 153
Rottaler Kartoffelkäs 167

Saftiges Tomaten-
　Kartoffel-Gratin 118
Sauerkraut-Kartoffel-Auflauf .. 116
Schokoladen-Kartoffel-Kuchen 138
Schwäbische Kartoffelsuppe 44
Spanische Kartoffeltortilla 162
Spargel-Kartoffel-Salat 58
Steckrüben-Kartoffel-Auflauf .. 104
Steckrüben-Kartoffel-Gemüse
　an Senfcremesauce 86
Strudel mit Kartoffelfüllung 142

Süßer Strudel
　mit Kartoffelfüllung 142

Tomaten-Kartoffel-Gratin 118
Tomaten-Kartoffel-Salat 62
Tortilla Espanola 162

Überbackene Kartoffelklößchen 96
Überbackener Kartoffelsalat 64
Überbackenes Kartoffelpüree 28
Ungarische gefüllte Kartoffeln 164

Vogtländer Kartoffelklöße 100

Walnuss-Kartoffel-Püree 30
Wirsing-Kartoffel-Suppe 46
Würziges Kartoffelbaguette 134

Zucchini-Kartoffel-Gratin 130
Zwiebel-Kartoffel-Kuchen 146

Vollwert-Bücher mit Cartoons von Renate Alf

Klaus Weber: **Das Buch vom guten Pfannkuchen**
ISBN: 3-89566-151-1

Irmela Erckenbrecht: **Zucchini**
ISBN: 3-89566-131-7

Petra und Joachim Skibbe:
Köstliche Kürbis-Küche
ISBN: 3-89566-150-3

Jutta Grimm:
Vegetarisch grillen
ISBN: 3-89566-140-6

Vegetarische Vollwertküche mit Pfiff

Heide Haßkerl:
Schätze aus dem Bauerngarten
ISBN: 3-89566-174-0

Gertrud Dimachki:
Vegetarisches aus 1001 Nacht
ISBN: 3-89566-169-4

Jutta Grimm:
Vollwert-Muffins
ISBN: 3-89566-152-x

Jutta Grewe:
Vegetarisches aus Omas Küche
ISBN: 3-89566-168-6

**Gesamtverzeichnis bei: pala-verlag,
Postfach 11 11 22, 64226 Darmstadt, www.pala-verlag.de**

ISBN: 3-89566-181-3

© 2002: pala-verlag,
Rheinstr. 37, 64283 Darmstadt
www.pala-verlag.de

Alle Rechte vorbehalten

Illustrationen und Umschlaggestaltung: Margret Schneevoigt

Lektorat: Barbara Reis, Wolfgang Hertling

Druck: fgb • freiburger graphische betriebe
www.fgb.de

Dieses Buch ist auf Papier aus 100 % Recyclingmaterial gedruckt.